I0163319

Beate Helm

Psychologische Astrologie

Ausbildung Band 13

Schütze - Jupiter

Expansion – Ausland – Lebensfreude – Bildung
- Sinnfrage – Religion - Weisheit

Sati-Verlag

Titelbild: Christos Georghion (fotolia.com)
Horoskopzeichnungen   erstellt   mit   dem   Programm
Astrocontact Astroplus (www.astrocontact.at)

ISBN: 3-944013-40-9
ISBN-13: 978-3-944013-40-4

INHALTSVERZEICHNIS

DANK

Mein Dank gilt in der Astrologie sehr vielen Autoren, die mich in den letzten 30 Jahren inspiriert haben. Eingestiegen bin ich mit Wolfgang Döbereiner. Am meisten beeinflusst hat mich immer wieder Peter Orban. Besonders danke ich meinen Eltern Karl und Irene und meinen Geschwistern Uwe und Claudia, die auf meinem sehr unkonventionellen Lebensweg immer fest an meiner Seite standen.

A

1. ZUORDNUNGEN UND VERWIRKLICHUNGSFELDER

Grundeigenschaften

- Expansion und Erweiterung
- Bildung und eigene Weisheit
- Religionsverständnis und Lebensphilosophie
- Zuversicht, Zufriedenheit, Erfüllung

Aktive Form

- Weiterbildung
- Weiterentwicklung
- Bewusstseinserweiterung
- Positive Lebenseinstellung und Erwartungshaltung
- Suche nach dem Lebenssinn
- Erkenntnisfähigkeit
- Der weite Horizont
- Das eigene Weltbild
- Die persönliche Sichtweise von Religion
- Sein eigener Gott und Guru, innerer Weiser und geistiger Führer sein
- Beschäftigung mit fremden Kulturen, Religionen und Philosophien
- Reisen in ferne Länder
- Jede Form von Auslandsbezug
- Großzügigkeit
- Gerechtigkeitssinn
- Nimmersatt

- Missionar
- Dozentendasein
- Glück und Erfolg

Passive Form

- Missioniert werden
- Opfer von expandierenden Außenkräften zu werden
- Anhänger eines Gurus sein
- Sich der geistigen Führung anderer unterstellen
- Religiöse Unterdrückung und Bevormundung
- Ungebildet oder wesensfremde Bildung
- Die Weisheiten anderer wiederholen
- Lebensphilosophien von außen übernehmen
- Misserfolg, Unzufriedenheit.

Entsprechungen in der körperlichen Erscheinung

- Aus den Nähten platzend
- Fett, übergewichtig, aufgebläht, überfüllt sein
- Großzügige, wohlwollende, positive Ausstrahlung.

Körperliche Zuordnungen

- Leber
- Hüfte
- Oberschenkel.

Krankheitsdispositionen

- Erweiterungen und Vergrößerungen von Organen
  Gutartige Geschwulste
- Erkrankungen der Leber, im Hüftbereich oder der
  Region der Oberschenkel, insbesondere als Folge
  von Mangel an Sinn und Erfüllung im Leben oder
  im Gegenteil dazu: bei jeder Art von Übertrei-
  bung, Anmaßung, Selbstüberschätzung und exzessiver Expansion.

Empfehlenswerte Therapieformen

- Pausenlose Weiterbildung und Expansion
- Therapien, die nicht anstrengen, bei denen einem
  die Heilung gerade so zuzufliegen scheint
- Jede Form der geistigen Bewusstseinserweiterung
  Therapien mit religiösem Hintergrund.

Zuordnungen aus der Natur und Naturheilkunde

Farben:
- Sattes gold
- Blau-violett

Ätherische Öle
- Cajeput
- Niauli
- Orange
- Mandarine.

Blütenessenzen
- Gentian
- Gorse
- (California) Wild Rose.
- Angelica
- California Poppy
- Lotus
- Morning Glory
- Purple Monkeyflower
- Sage
- Scotch Broom.

Metall
- Zinn

Edelsteine
- Amethyst
- Edelopal

Chakra
- Stirnchakra (zusammen mit Uranus)

Atemübung

Einatmen durch die Nase, beim Ausatmen sich in seinen gesamten Körper bis in die letzten Zellen einfühlen, beim weiteren Atmen mit dem Bewusstsein weitergehen in die Aura, den feinstofflichen Leib, der den physischen Körper umgibt, sich weiter ausdehnen mit seinem Wesen im gesamten Raum, in dem man sich befindet, weiter in das Gebäude, in dem der Raum ist, in die Straße, die ganze Stadt, das Land, sich weiter ausdehnen mit jedem Atemzug auf die gesamten Erde und darüber hinaus.

Körperübungen

Hatha-Yoga:
Legen Sie sich auf den Rücken. Heben Sie langsam die gestreckten Beine nach oben, bis sie sich senkrecht zum Boden befinden. Strecken Sie Ihre Arme rechts und links zur Seite, legen Sie sie mit den Handflächen nach unten auf den Boden, so dass sie senkrecht zu Ihrem Rumpf sind. Bringen Sie nun die Beine geschlossen und langsam zur linken Seite auf den Boden und drehen Sie dabei den Kopf langsam auf die rechte Seite.

Bleiben Sie in dieser Stellung, so lange es Ihnen angenehm ist, und bringen Sie die Beine wieder nach oben und dann auf den Boden zurück. Drehen Sie den Kopf wieder in die Mitte.

Wiederholen Sie die Übung zur anderen Seite hin (Beine nach rechts, Kopf nach links) und wiederholen Sie diesen Zyklus noch zweimal.

Kriya-Yoga-Aufladeübung:
Stellen Sie sich gerade hin. Beugen Sie die Ellbogen soweit, dass sich die Unterarme parallel zum Boden befinden und halten Sie die Arme dabei dicht am Körper. Drehen Sie dann den Oberkörper ziemlich zügig nach links, während Sie gleichzeitig die Hüften nach rechts bewegen. Danach Wechsel, d.h. Oberkörper nach rechts und gleichzeitig Hüften nach links bewegen. Wiederholen Sie diesen Zyklus 3 bis 4 mal.

Kunsttherapie

-    Tanztherapie: Hulahupp; ausländische Tänze.

-    Musiktherapie: beschwingte, joviale, melodiöse,

die gute Laune symbolisierende Musik; Weite, Offenheit, Großzügigkeit muss durch sie vermittelt werden (Mozart, Vivaldi); geistliche Musik, Orgelmusik.

- Biblio- und Poesietherapie: jegliche Lektüre zur Weiterbildung und Bewusstseinserweiterung; über fremdländische Kulturen, Religionen und Weltanschauungen; Reiseberichte.

- Filmtherapie: über besagte Themen Filme sehen oder selbst drehen; Dokumentationen oder Unterhaltungsfilme über Ereignisse im Ausland, in einer anderen Kultur, in fernen Ländern.

Meditation
Bogenschießen, Gottesdienst.

Projektionsflächen/Möglichkeiten   zum   symbolischen Ausleben

- Gurus
- Geistliche
- Professoren
- Ausbilder, Bildungsstätten, Universitäten, höhere Schulen
- Kirchen, Missionare
- Ausland
- Übergewichtige,
- Fett und Speck
- Fülle, Erfolg;
- Einfach nie genug bekommen können
- Philosophen

- Großmäuler.

Grundangst

- Nicht mehr weiter, größer, dicker, gebildeter und erkenntnisreicher werden zu können
- Vielleicht auch: zu platzen.

Abwehrmechanismen

- Lieber den Spatz in der Hand als die Taube auf dem Dach.
- Warum in die Ferne schleifen, wenn das Gute liegt so nah?
- Zu viel Wissen verbildet.
- Die göttliche Unzufriedenheit in sich leugnen.
- Akademiker sind im praktischen Leben und im Alltag völlig untauglich.
- Ausländer und Andersgläubige sind alle schlecht und kriminell.

9. Lösung

= Grundförderung des Prinzips

- Bildung in seinen wahren Interessensgebieten.
- Seine Form der Religiosität erfassen und für sich definieren.
- Ständige Weiterbildung und geistige Weiterentwicklung.
- Bewusstseinserweiterung.

- Kontakte mit dem fernen Ausland; Reisen.
- Seinen inneren Weisen und geistigen Führer kennenlernen und als innere Instanz für Lebensfragen anerkennen und einsetzen.
- Wirkliche Erfüllung und Glück durch echte religio (wieder-)finden.

DIE VERWIRKLICHUNGSFELDER

1. Gebiet der Erweiterung

Was möchte ich ständig verstärken und weiterentwickeln, wo möchte ich stets expandieren in meinem Leben?

2. Art und Inhalt der Bildung

Wie kann ich mich am besten weiterbilden und welches sind meine Lieblingsgebiete dafür?

3. Reisen

In welcher Form macht es mir am meisten Spaß zu reisen und wohin zieht es mich in diesem Bereich?

4. Lebensphilosophie und Religion

Wie sehen mein Weltbild und meine religiöse Überzeugung aus?

5. Erfüllung und Überzeugungskraft

Worin finde ich Sinn und Erfüllung im Leben? Womit kann ich am besten überzeugen?

6. Lieblingsprojektionen

Wie zeigen sich passive Manifestationen, die man selbst lebt oder die einem von außen begegnen; wie zeigen sich diese auf körperlicher Ebene?

2. DIE 12 JUPITER-KONSTELLATIONEN

1. JUPITER - MARS

Tierkreiszeichen Schütze im 1. Haus / Tierkreiszeichen
Widder im 9. Haus
Jupiter im Widder (Mars im Schützen)
Jupiter im 1. Haus (Mars im 9. Haus)
Aspekte zwischen Mars und Jupiter
Aspekte zwischen Jupiter und AC

Essenz

Weiterentwicklung und Erfüllung durch seine Körperlichkeit, Aktivität und Pioniergeist.

Grundspannung

Großzügigkeit, Streben nach geistiger Weite und Expansion --- Selbstbezogenheit, Kampf und Selbstbehauptung; Streben danach, seinen Willen durchzusetzen.

Lösung

Einsatz der Weisheit, der Bildung und des Bewusstseins,
des Expansionsstrebens, um sich durchzusetzen und seinen Willen zu bekommen.
Nutzung seines Kampfgeistes, um sich weiterzuentwickeln und zu expandieren, um Erfüllung zu finden.

Selbstbild

Ich kann mich gut durchsetzen, bin aktiv und kampfbereit, daher entwickle ich mich weiter, erweitere mein Bewusstsein und finde Glück und Erfüllung im Leben.

1. Gebiet der Erweiterung

Körperkraft

Das Bedürfnis nach ständiger Weiterentwicklung findet hier auf körperlicher Ebene statt. Dies kann sich in großer Sportbegeisterung äußern, im Drang nach vorzeigbarer Muskelkraft und Stärke oder aber in der meist unfreiwilligen Ausweitung z.B. des Bauch- oder des allgemeinen Körperumfangs.

Des Weiteren ist die Jupiter/Mars-Persönlichkeit unaufhörlich bestrebt, ihrem Aktionsdrang zu folgen, in Bewegung zu sein und dem Wunsch nach selbstverständlicher Selbstbehauptung und Durchsetzung ihrer Interessen nachzugehen.

Mit Hilfe von Körperanalyse und Körperarbeit kann das Bewusstsein erweitert werden. Dabei ist die Aversion gegen zu viel Anstrengung zu beachten. Die körperliche Betätigung muss auch Lebensfreude mit sich bringen und will hier nicht so verbissen gesehen werden.

Zuletzt kann sich die Jupiter/Mars-Persönlichkeit noch erweitern mit Hilfe von jeder Art der Pionierarbeit, der Gründung neuer Objekte oder des (Konkurrenz)Kampfes mit der Außenwelt.

2. Art und Inhalt der Bildung

Der Crash-Kurs

Da die Jupiter/Mars-Persönlichkeit äußerst ungeduldig ist und beim Beginn einer Ausbildung schon fast die nächste im Sinn hat, d.h. am liebsten von einer Vorlesung oder Lehre zur nächsten eilen würde, eignen sich am besten Weiterbildungsmaßnahmen, deren Dauer mehr als absehbar ist und die sehr klar und einfach den ersehnten Lehrstoff vermitteln.

Gleichzeitig ist sie natürlich immer auf der Suche nach einer Herausforderung in ihrem Bildungstrieb, so dass der Stoff neuestes Wissen liefern oder in anderer Weise den Sportsgeist der Jupiter/Mars-Persönlichkeit aktivieren muss.

Inhalte ihrer Studieninhalte sind Körperlichkeit, Sport, Sexualität und alles, was neu und bahnbrechend ist. Mit traditionellem Wissen kann man sie nur schwerlich reizen und zum Lernen anregen.

Auch in der Tätigkeit des Lehrens bevorzugt sie Kürze und Innovatives, will sie den Schülern/Auszubildenden/Lernwilligen die Möglichkeit offenhalten, sich nicht länger als tatsächlich notwendig mit einem Lernbereich beschäftigen zu müssen, um bald wieder für neue geistige Unternehmungen frei zu sein.

Vielleicht fühlt sie sich auch berufen, sich als Vorreiterin für ein neues Bildungswesen oder Schulsystem zu engagieren.

3. Reisen

Aktivität

Auch dieses Verwirklichungsfeld will von der Jupiter/Mars-Persönlichkeit im Kampf und Eiltempo genommen werden. Sie will sich nicht ewige Zeiten vorbereiten, sondern bevorzugt den impulsiven Jump in das nächste Flugzeug oder startet recht direkt nach der dazugehörigen Eingebung mit dem Auto oder in sportlicher Weise (Fahrrad etc.) durch.

Sie braucht Aktivität und viel Bewegung, betätigt sich vielleicht auch unterwegs sehr gerne in vollem Körpereinsatz.

Die Reise muss neue Erkenntnisse und Einsichten gewährleisten, neue Horizonte eröffnen und der ausgeprägten Tatkraft Raum und Möglichkeiten bieten.

Eine Treckingtour in Nepal kommt diesem Abenteuergeist wohl näher als eine Kreuzfahrt durchs schöne Mittelmeer.

4. Lebensphilosophie und Religion

Das Leben ist Kampf

Für die Jupiter/Mars-Persönlichkeit stellt das Leben stets eine Herausforderung dar, eine Hürde, die genommen werden muss und die freudvoll alle Energien aktiviert, die im Inneren schlummern und nur darauf warten, endlich zum Einsatz zu kommen.

Für sie ist das Leben gegeben, um aktiv zu sein, es in die Hand zu nehmen und aus eigener Kraft heraus Initiativen zu ergreifen, den eigenen Lebensweg durchzukämpfen.

Es ist ein Tummelplatz, auf dem Durchsetzungsvermögen gefragt ist und man sein Bestes tut, um Erster zu sein und sich nach vorne zu boxen.

Dies stellt für die Jupiter/Mars-Persönlichkeit keine Anstrengung dar, sondern entspringt ihrem hohen Energiepotenzial, mit dem sie frohgemut die Wachstumsmöglichkeiten des Lebens konfrontieren möchte.

Auch auf dem religiösen Sektor will sie neue Wege gehen und fühlt sich wenig den traditionellen Systemen verbunden. Gott stellt für sie ein Mann des Kampfes dar, der sich mit Schwert und Schild durch eine ungläubige Menschenmenge bewegt und diese von seiner Weisheit und Gerechtigkeit überzeugen möchte.

5. Erfüllung und Überzeugungskraft

Körperlichkeit und Bewegung

Größte Zufriedenheit erfährt die Jupiter/Mars-Persönlichkeit durch ihren Körper, sei dies nun mit Hilfe einer sportlichen Betätigung, Körperarbeit, sexueller Befriedigung oder einer anderen Art der körperlichen Bewegung.

Sie liebt es, wenn das Leben und die Erfüllung ihrer Bedürfnisse zügig voran gehen, wenn Dynamik und Fortschritt im Vordergrund stehen und sie etwas durchfechten kann. Jede Form des Neubeginns gibt ihr tiefe Zufriedenheit und macht sie glücklich.

Sie möchte durch und durch fit und elanvoll sein, voll körperlicher Spannkraft und aus diesem fließenden, sprudelnden Körperenergierepertoire heraus ihre Ziele durchsetzen und sich mit ihren Bedürfnissen behaupten.

So überzeugt sie als Persönlichkeit am besten durch ihre körperliche Kraft und Sportlichkeit, wie auch ihre Fähigkeit, mit Mut und Risikobereitschaft ihre Pläne in Angriff zu nehmen und zur Tat werden zu lassen. Letztendlich kann sie lernen, ihre Tatkraft und ihren Schwung einer höheren göttlichen Führungskraft mit Freude zu unterstellen.

6. Lieblingsprojektionen

Kämpferische, blutgierige Missionare; Muskelprotze; Sportfanatiker; übertriebene, übersteigerte Aktivisten. Menschen, die ständig eine neue Ausbildung anfangen, bevor die alte beendet ist.

Auf der körperlichen Ebene als Zeichen der passiven Manifestation:
Entzündungen oder blutige Verletzungen der Leber (Hepatitis), im Bereich von Hüfte und Oberschenkel; Gallenvergrößerung; entzündliche Schwellungen und Vergrößerungen.

Konkrete Förderungen der Jupiter/Mars-Persönlichkeit

- Sich auf körperlicher, sportlicher, sexueller Ebene ständig weiterentwickeln

- Erkenntnisse gewinnen und ihr Bewusstsein erweitern mit Hilfe der Betrachtung, Analyse und Bewegung des Körpers

- Sich Weiterbildungen wählen, die nicht unnötig in die Länge gezogen werden, sondern der Impulsivität und Ungeduld nachkommen

- Sich über die Körperlichkeit des Menschen weiterbilden

- Körperarbeit und -therapie als Bewusstseinserweiterung (Schülerin und Dozentin)

- Sexualität als Basis der Bewusstseinserweiterung nutzen

- Reisen mit viel Freiraum für Aktivität, Sport und Tatkraft unternehmen

- Ihrer Reiselust sofort folgen

- Das Leben als Kampf und anregende Herausforderung betrachten und nehmen

- Ihre Erfüllung und ihr Glück in ihrer körperlichen Fitness, in Sport und Sex sowie ihrem mutigen Unternehmungsgeist erkennen und sich schaffen.

ÜBUNGEN A

1. Wie kann sich die Jupiter/Mars-Persönlichkeit am besten weiterbilden?

2. Wie können Menschen mit folgenden Konstellationen am besten Erfüllung, Glück und Zufriedenheit erfahren:
a. Jupiter im Widder im 2. Haus?
b. Jupiter im Widder im Quadrat zu Mond im Krebs?
c. Jupiter im Widder im Trigon zur Sonne im Löwen?
d. Mars im Steinbock im Quadrat zu Jupiter im Widder?

2. JUPITER - STIER-VENUS

Tierkreiszeichen Schütze im 2. Haus / Tierkreiszeichen
Stier im 9. Haus
Jupiter im Stier (Venus im Schützen)
Jupiter im 2. Haus (Venus im 9. Haus)
Aspekte zwischen Venus und Jupiter

Essenz

Weiterentwicklung und Erfüllung durch Sicherheit,
Selbstwert und Eigentum.

Grundspannung

Ständige Weiterentwicklung, Weite, Expansion --- Festigkeit, Sicherheitsstreben, Erdverbundenheit.
Geist --- Materie.

Lösung

Einsatz von geistiger Weite, Expansionsbedürfnis und
Bildung für den Aufbau seiner materiellen Ebene, seines
Selbstwertes und seiner Sicherheit.
Nutzung der Finanzen, um sich weiterzuentwickeln und
Erfüllung zu erfahren.

Selbstbild

Ich verfüge über ausreichend Finanzen, Eigenwert und

Abgrenzungsvermögen, daher kann ich mich weiterbilden und mein Bewusstsein erweitern.

1. Gebiet der Erweiterung

Sicherheits- und Bankkonto

Die Jupiter/Venus-Persönlichkeit strebt ein hohes Maß an Sicherheit an, das sie ständig erweitern möchte. Sie benötigt das Gefühl, insbesondere in ihrem materiellen Besitz Fortschritte machen und expandieren zu können.

Sie wünscht sich endlosen Reichtum und hält es auch für selbstverständlich, diesen zu erwerben und ohne besondere Anstrengung sich eigen machen zu können, vor allem durch den Einsatz ihrer Erkenntnisse, ihrer Bildung und ihres Bewusstseins.

Neben dieser materiellen Seite zählen Sinnlichkeit, körperliche Lust und die Hingabe an ihre Genussfreuden zu den Bereichen, die sie immer mehr ausbauen und verstärkt leben möchte.

2. Art und Inhalt der Bildung

Finanzorientiert und erdverbunden

Hauptkriterium für die Auswahl ihrer Aus- und Weiterbildung stellt die Möglichkeit des sicheren Einkommens dar. Das erreichte Bildungsziel muss sicherstellen, dass die materielle Seite auch auf Dauer abgedeckt ist.

An zweiter Stelle sollen die Bildungsinhalte dazu verhelfen, ihren inneren Reichtum an die Oberfläche zu bringen, ihn als ihren eigentlichen Schatz zu erkennen und bewusst zu machen, der hier vor allem in geistigen Werten zu finden ist.

Ein weiterer wesentlicher Punkt stellt die Notwendigkeit dar, dass das Studium oder das Bildungsgebiet wirklich mit Genuss aufgenommen werden kann, dass es Freude bereitet, genau diesen Stoff zu lernen oder auf diese Weise sein Bewusstsein zu erweitern.

Die Jupiter/Venus-Persönlichkeit muss sich Zeit lassen, ihr Pensum an Weiterbildung zu absolvieren, da sie geistig nicht gerade die Schnellste ist. Aufgrund ihres Wunsches nach Sicherheit und Festigkeit, der sich hier geistig niederschlägt, benötigt sie ihre Routine, um voranzukommen.

Es ist ihr außerdem wichtig, sich mit ihrer Art der Bildung und des Bewusstseinsstandes nach außen abgrenzen zu können.

Bereiche, die ihr geistiges Interesse wecken, bewegen sich eher auf dem Boden der Realität, wie kaufmännisches Wissen, Wirtschaftslehre oder aber sie reichen in Gebiete der Lust und Sinnlichkeit, der Gastronomie, des körperlichen oder kulinarischen Schlemmens.

3. Reisen

Sinnlichkeit und Bequemlichkeit

Für die Jupiter/Venus-Persönlichkeit muss sich das Reisen in äußerst bequemen Bahnen bewegen. Das sie doch etwas schwerfällig ist, wäre am besten eine Art Butler für sie, der sie mit all ihren Lieblingsspeisen verwöhnt und den Longdrink an den Pool bringt, notfalls sogar etwas kühle Luft zufächert.

Hier kommt am treffendsten das römische Gelage in den Sinn, die nach hinten geworfenen Knochen und der wohl verdiente Mittagsschlaf mit dem immer runder werdenden Bauch unter den gefalteten Händen. Hauptkriterium ist daher, dass für das leibliche Wohl gesorgt ist und auch die übrigen sinnlichen Freuden nicht zu kurz kommen.

Reisen zu unternehmen, stellt für die Jupiter/Venus-Persönlichkeit einen hohen Wert in ihrem Leben dar, und die Welt bereist zu haben, verleiht ihr ein Gefühl von Sicherheit und Eigenwert.

Letztendlich könnte sie mit dem Thema Reisen und Ausland(sbezug) ihr Geld verdienen.

4. Lebensphilosophie und Religion

Leben ist Genuss

Die Jupiter/Venus-Persönlichkeit steht in Bezug auf die materielle Ebene sehr zuversichtlich dem Leben gegenüber.

Sie ist tief innen überzeugt, dass sie stets versorgt und verwöhnt wird, dass das Leben Reichtum in Hülle und Fülle bietet und sie eigentlich nur zuzugreifen braucht. Sie hält es für selbstverständlich, ohne besondere Anstrengungen ihr Konto immer voll zu haben und auch in ihren Gelüsten stets bestens zu ihrer Zufriedenheit umsorgt zu sein.

Aufgrund dieser positiven Haltung gelingt es ihr tatsächlich, meistens genügend Geld anzuziehen, wenn es ihr auch nicht schwer fällt, es genauso zügig wieder unter die Leute zu bringen.

Nach ihrer Auffassung heißt Leben auch verwöhnen und sich verwöhnen lassen.

Ihr Gottesbild ist positiv und lädt zum Lebensgenuss ein.

5. Erfüllung und Überzeugungskraft

Besitz und Lust

Die Erfüllung der Jupiter/Venus-Persönlichkeit liegt im materiellen Bereich und steigert sich mit jeder Neuanschaffung an Besitz und Eigentum. Sie ist glücklich und zufrieden, wenn sie über verschwenderische Mengen an finanziellen Mitteln verfügt und wirklich in Geld schwimmt.

Auch tragen natürlich ein hoher Grad an Sicherheit, insbesondere durch geistigen Besitz und ein weites Bewusstsein, zu ihrer Erfüllung bei.

Ihre Überzeugungskraft liegt in ihren wirtschaftlichen Fähigkeiten, in der Anhäufung von Eigentum, ihrem realen Selbstwert und ihrem Abgrenzungsvermögen.

6. Lieblingsprojektionen

Lotto; jede Form von Geldzuwachs ohne Anstrengung; Millionäre; Geldverschwender, -verprasser; extremer Reichtum; Schlaraffenland.

Auf körperlicher Ebene als Zeichen der passiven Manifestation:
Vergrößerungen im Hals/Nackenbereich; Mumps.
Erkrankungen der Leber oder im Hüft-/Oberschenkelbereich aufgrund von Geld-, Sicherheits-, Genuss- und Abgrenzungsschwierigkeiten.

Konkrete Förderungen der Jupiter/Stier-Venus-
Persönlichkeit

- Ständig an der Erweiterung ihrer finanziellen Mittel und ihrem Eigentum arbeiten

- Ihre Genussfreude (siehe Stiervenusanalyse) ausbauen und neben den materiellen Mitteln als wesentliche Möglichkeit zu ihrer Erfüllung und Zufriedenheit erkennen

- Weiterbildung im wirtschaftlichen und kaufmännischen Bereich

- Bildung und Bewusstheit als Grundlage zum Geldverdienen und für Eigenwert und Abgrenzung einsetzen

- Sich sehr bequeme, genüssliche Reisen gönnen

- Reisen als Art der Erfüllung nutzen

- Ihrer Lebensphilosophie, dass Leben Genuss und verwöhnt werden heißt, bewusst nachgehen.

ÜBUNGEN B

1. Welche Kriterien sind der Jupiter/Venus-Persönlichkeit für ihre Weiterbildung wichtig?
2. Worin sehen Menschen mit folgenden Konstellationen ihre Erfüllung:
a. Jupiter im Stier im 7. Haus?
b. Jupiter im Stier im 12. Haus?
c. Jupiter im Stier in Opposition zum Mond im Skorpion?
d. Jupiter im Steinbock im 2. Haus?

3. JUPITER - ZWILLINGE-MERKUR

Tierkreiszeichen Schütze im 3. Haus / Tierkreiszeichen
Zwillinge im 9. Haus
Jupiter in den Zwillingen (Merkur im Schützen)
Jupiter im 3. Haus (Merkur im 9. Haus)
Aspekte zwischen Merkur und Jupiter

Essenz

Weiterentwicklung und Erfüllung durch Wissen und
sprachlichen Austausch.

Grundspannung

Einsicht, Erkenntnis, höhere Bildung, Philosophie ---
neutrales Wissen, Alltagswissen.

Lösung

Einsatz von Bildung und Bewusstsein, um Wissenstand
und sprachliche Fähigkeiten sowie verbale Kontakte zu
erweitern und zu verbessern.
Nutzung der Fähigkeit, zu lernen und sich Wissen anzu-
eignen, um Bildung und Bewusstseinsstand auszuweiten.

Selbstbild

Ich bin in der Lage, zu lernen, Wissen und Informationen
anzusammeln und mich verbal auszutauschen, daher kann

ich mich weiterentwickeln und erfahre Erfüllung und Zufriedenheit.

1. Gebiet der Erweiterung

Wissenstand

Die Jupiter/Merkur-Persönlichkeit wird es nie müde, jede
Menge an Informationen, Büchern, Zeitschriften und In-
ternetseiten zu verschlingen und damit ihren Wissenstand
auszubauen.
Auch jede Form des eigenen sprachlichen Selbstausdrucks, sei es nun schreiben, reden, telefonieren oder mai-
len will sie ständig ausweiten und verbessern, des gleichen ihre Fremdsprachenkenntnisse.
Mit Hilfe von Kursen und passenden Gesprächspartnern entwickelt sie ihre rhetorischen Fähigkeiten weiter.
Vielleicht versucht sie sich auch in der Schriftstellerei, im
Verfassen von Artikeln oder Ausarbeiten und Vortragen
von Reden vor einem größeren Publikum als weitere Steigerung der Verwirklichung ihres geistigen und verbalen
Potenzials.
Jeder neue verbale Kontakt und Austausch stellt eine
Erweiterung im Leben der Jupiter/Merkur-Persönlichkeit
dar.

2. Art und Inhalt der Bildung

Vielzählige Interessensgebiete

Die Jupiter/Merkur-Persönlichkeit bildet sich über jede
Form von Wort und Schrift weiter. Entweder sie erfährt in
ihrem ausgeprägten Wissensdurst über Gespräche und

Diskussionen Neues oder sie vertieft sich in ihre Unzahl von Fachzeitschriften und Büchern oder surft durchs Internet.

Ihr ist jeder Lehrstoff recht, der in ihr weites Interessensgebiet hineingehört und sie nutzt auch alle Arten der Kommunikationsmittel, um zu Weiterbildung zu gelangen, wie Fernsehen, CDs oder Fernlehrgänge.

Sie bildet sich durch Aufnahme von möglichst objektivem Wissen und durch ständigen Austausch mit geistig weiterbringenden Gesprächspartnern.

Basis ihrer Bildung stellen ihre große Neugierde und ihre Freude an jeglicher Form der Unterhaltung dar.

3. Reisen

Lehrreisen

Die Jupiter/Merkur-Persönlichkeit reist, um ihren Wissensdurst zu stillen und um Neues hinzuzulernen. Dies ist durch das Knüpfen neuer Kontakte möglich oder ganz direkt durch Sprach- und andere Bildungsreisen.

Sie hat ansonsten keine konkreten Bedürfnisse, sondern möchte in der ihr "flattrigen" Art Land und Leute kennenlernen, um mit ihnen zu reden und danach etwas zum Erzählen zu haben.

Durch den Aufenthalt in fremden Ländern gelingt es ihr, ihre Leichtigkeit zu gewinnen, zu spüren und zu erhalten, versteht sie es, auch andere zu mehr geistiger Beweglichkeit und Schwung zu animieren und mitzureißen.

4. Lebensphilosophie und Religion

Das Leben ist eine ewige Schule

Für die Jupiter/Merkur-Persönlichkeit bedeutet das Leben Lernen und Kommunikation. Ständige Gespräche oder andere sprachliche Kontakte geben ihrem Leben genauso Sinn wie die Ansammlung und Weitergabe ihres reichen Wissens.

Die Geschehnisse des Lebens zu betrachten, geistig zu durchdringen und ihnen einen Sinn abzugewinnen, erweitert ihr Bewusstsein und stellen auch ihre Form der Religion dar.

Das Leben, als äußerer Spiegel für die inneren Verhältnisse und Befindlichkeiten, kann als Meister erfahren werden. Man kann aus jeder Kleinigkeit lernen, wenn man sie aufnimmt, reflektiert und geistig verarbeitet.

Das Gottesbild der Jupiter/Merkur-Persönlichkeit ist von Leichtigkeit geprägt und erfährt keine tiefgehenden Projektionen.

5. Erfüllung und Überzeugungskraft

Informationsstand und Sprache

Auch hier gilt natürlich, dass Kontakte, Unterhaltungen, Telefongespräche, Briefe und Mails schreiben, Diskussionen, der gesamte Bereich der Kommunikation einen wesentlichen Teil abgeben, um die Jupiter/Merkur-Persönlichkeit zufrieden und glücklich zu machen.

Daneben führt der Ausbau des Wissenstandes, das Anhäufen von Informationen, das Stapeln von Fachzeitschriften und ein erneuter Anbau am Bücherregal zu tiefer Erfüllung und Lebensfreude. Die Jupiter/Merkur-

Persönlichkeit kann einfach nicht genug bekommen, ihr Wissen zu mehren und noch im hohen Alter mit dicker Lesebrille Sprachen zu lernen oder anderweitig ihre geistige Neugierde zu stillen.

Überzeugungskraft enthält sie entsprechend ihres Wissensschatzes, ihrer Sprachgewandtheit und ihrer kommunikativen Fähigkeiten.

6. Lieblingsprojektionen

Extremer Bücherwurm; Dauerredner; Großmaul; Quasselstrippe.

Auf körperlicher Ebene als Zeichen passiver Manifestation:
Erweiterungen, Vergrößerungen im Bereich Stimmapparat und Atemtrakt; Erkrankungen der Leber oder im Bereich Hüfte/Oberschenkel insbesondere aufgrund von geistigen und kommunikativen Schwierigkeiten bzw. Übertreibungen, Selbstverherrlichungen und übertriebenem Missionsgeist.

Konkrete Förderungen der Jupiter/Zwillinge-Merkur-Persönlichkeit

- Lesen, Lernen, Schreiben, Reden, um sich weiterzubilden und ihr Bewusstsein zu erweitern

- Sich schriftstellerisch betätigen

- Vorträge halten

- Sich viele Gesprächspartner zulegen, um den ausgeprägten Drang nach verbalem Austausch zu befriedigen

- Ihren Lebenssinn und ihre Erfüllung in der Entwicklung von Zwillinge-Eigenschaften erkennen und diese entsprechend ausbauen

- Ihre Neugierde und ihren Wissensdurst auch durch Reisen in ferne Länder stillen

- Das Leben als ewige Schule, sich selbst als ewigen Studenten betrachten

- Ihre sprachlichen Fähigkeiten stets weiterentwickeln und ihren Wissensschatz ausbauen.

- Weitergabe ihres reichen Wissens

- Fernlehrgänge

ÜBUNGEN C

1. Welche Art des Reisens entspricht der Jupiter/Merkur-Persönlichkeit?
2. Worin finden Personen mit folgenden Konstellationen am besten Erfüllung und Zufriedenheit:
a. Jupiter in den Zwillingen im 4. Haus?
b. Jupiter in den Zwillingen im 11. Haus?
c. Jupiter in den Zwillingen im Quadrat zur Sonne in den Fischen?
d. Jupiter in den Zwillingen im Sextil zum Mars im Löwen?

4. JUPITER - MOND

Tierkreiszeichen Schütze im 4. Haus / Tierkreiszeichen
Krebs im 9. Haus
Jupiter im Krebs (Mond im Schützen)
Jupiter im 4. Haus (Mond im 9. Haus)
Aspekte zwischen Mond und Jupiter
Aspekte zwischen Jupiter und IC

Essenz

Weiterentwicklung und Erfüllung durch Gefühle, Fürsorge und Geborgenheit.

Grundspannung

Geist, Erkenntnis, Weisheit --- Gefühl
Weite --- Innerlichkeit

Lösung

Einsatz von geistiger Kraft, Weisheit und Bildung, um in Kontakt mit dem Innenleben zu gelangen.
Nutzung der Verbindung zur inneren Welt und zu seinem Gefühl, um Erkenntnisse und Einsicht zu erhalten und sein Bewusstsein zu erweitern.

Selbstbild

Ich bin in tiefer Verbindung zu meiner inneren Welt und

meinen Gefühlen, deshalb kann ich meinen geistigen Horizont erweitern und Erfüllung erfahren.

1. Gebiet der Erweiterung

Kontakt zur Gefühlswelt

Der Angriffspunkt für die Weiterentwicklung im Leben der Jupiter/Mond-Persönlichkeit liegt in der Schaffung einer tiefen Verbundenheit zu den inneren Vorgängen und Empfindungen, zu ihrer Emotionalität. Sie will ihre innere Geborgenheit ausbauen, ihre emotionale Sicherheit sowie die Erkenntnisse über ihr Innenleben.

Sie betrachtet es als Erweiterung, wenn sie lernt, anzunehmen, empfänglich zu sein und gleichzeitig Mütterlichkeit, Fürsorge und Verständnis zu entwickeln und zu zeigen.

Auch eine Familie und Wohnsituation in ihrem Sinne zu gestalten und mehr und mehr Abbild ihres wahren Wesens werden zu lassen, zählt zu den Bereichen ihrer Art von Weiterentwicklung.

2. Art und Inhalt der Bildung

Erkundung der Innenwelt

Die Jupiter/Mond-Persönlichkeit arbeitet gerne Zuhause, für sich selbst oder im vertrauten Kreis an ihrer Weiterbildung und ihrem Bewusstseinswachstum.

Sie erfasst den Lehrstoff eher vom Gefühl her und benötigt daher einen emotionalen Bezug zu ihren Bildungsthemen, damit sie diese aufnehmen kann.

Am besten erwirbt sie eine Ausbildung, die ihr hilft,

Einsicht in ihr Innenleben, in ihre Reaktionsmechanismen zu erhalten und sich innerlich besser kennen zu lernen. Daher eignen sich vor allem psychologische Studien oder Erkenntnisse zur Heilung des inneren Kindes, sowie im Außen die Lehre der Kindererziehung, Familientherapie oder Pädagogik.

Auch das Thema Bauen und Wohnen zählt zu den Entsprechungen im Bildungswesen für die Jupiter/Mond-Persönlichkeit.

3. Reisen

Innere Welt

Die Jupiter/Mond-Persönlichkeit reist am liebsten in ihrer Heimat, in vertrauter Gegend, es sei denn sie hat das Ausland zu ihrer Heimat erklärt und fühlt sich dort deshalb genauso zuhause wie in ihrem Herkunftsland.

Sie hat gerne Menschen um sich, denen sie sich emotional verbunden fühlt und die ihr auf Reisen das Gefühl von Geborgenheit und Zuhause vermitteln.

Tiefe Erkenntnisse gewinnt sie vor allem durch die Reise in die innere Welt, das innere Universum, das ihr in gleicher Weise als Abbild des Lebens - in ihrer ganz besonderen, individuellen Art - dienen wird wie es die Projektionsflächen in fremden Ländern tun können.

4. Lebensphilosophie und Religion

Leben heißt Fühlen

Für die Jupiter/Mond-Persönlichkeit liegt der Sinn des Lebens in der Entwicklung ihrer reichen Gefühlswelt und dem Aufbau von emotionalen Beziehungen zu anderen Menschen.

Leben heißt für sie: in sich gehen, sich fühlen und Geborgenheit in der inneren Quelle zu finden, heißt, sich eine so starke, reiche innere Basis aufzubauen, dass sie verschwenderisch mit ihren Gefühlen und ihrem fürsorglichen Wesen ihre Mitmenschen verwöhnen kann, heißt ein emotionales Schlaraffenland.

Im religiösen Bereich kann sie entweder der Vergangenheit und den Gepflogenheiten ihrer Herkunftsfamilie verbunden sein oder diese Rückverbindung in ihrem Inneren gefunden haben.

Ihr Gottesbild ist warmherzig, weich und gefühlsmäßig versorgend.

5. Erfüllung und Überzeugungskraft

Entspannung und Geborgenheit

Ein hohes Maß an Erfüllung findet die Jupiter/Mond-Persönlichkeit im Austausch von Gefühlen und Zärtlichkeit. Sie wünscht sich dazu eine heimische, warme und gemütliche Umgebung und möchte versorgen, nähren und auch selbst umsorgt werden. Sie ist Kind und Mutter in einem, schließt sanft in die Arme und will auch selbst mit vielen Streicheleinheiten bedacht werden.

Es macht sie zufrieden, wenn sie ihre innere Basis entwickelt und Heilarbeit mit ihrem inneren Kind geleistet hat, wenn es diesem gut geht, es gedeiht und rund und satt ist.

Auch eine äußere Familie und die Erziehung von Kindern können für sie Glück und Befriedigung bedeuten, ebenso wie ihr Zuhause und die Fähigkeit, sich und anderen Erholung und Entspannung zu verschaffen.

Ihre Überzeugungskraft beruht auf inneren Werten, wie Weichheit, Empfindsamkeit, Verständnis und der Fähigkeit, eine heimische, gemütliche Atmosphäre voller Gefühl und innerer Verbundenheit herzustellen.

6. Lieblingsprojektionen

Menschen, die nur Gefühle, Kinder und Familie im Kopf haben und andere von diesen allheiligen Werten überzeugen wollen.

Auf körperlicher Ebene als Zeichen der passiven Manifestation: Vergrößerungen und Erweiterungen im Bereich der weiblichen Geschlechtsorgane, der Brust, im Bereich des Magens. Erkrankungen der Leber oder im Bereich von Hüfte und Oberschenkel aufgrund emotionaler Schwierigkeiten.

Konkrete Förderungen der Jupiter/Mond-Persönlichkeit

- Ständig an dem Kontakt zu ihren Gefühlen arbeiten, an der Heilung ihres inneren Kindes, an einer befriedigenden Familien- und Wohnsituation

- Aus- und Weiterbildungen, zu denen sie einen gefühlsmäßigen Bezug hat

- Psychologische Studien (emotionale Psychologie)

- Bildung in Bezug auf Kindererziehung, Pädagogik, Bauen, Wohnen, Familienthemen

- In ihrer inneren Welt reisen

- Mit vertrauten Menschen ihre Reisen unternehmen

- Den Sinn des Lebens in einer reichen Gefühlswelt und deren Austausch sehen

- Ihre Erfüllung im Innenleben, einem gesunden inneren (und äußeren) Kind, ihrer Familie, ihrer Wohnung, ihrer Emotionalität, ihrer inneren Basis, ihrer Weichheit finden

- Ein gemütliches, emotional sicheres Zuhause

- Geborgenheit in sich schaffen und auch nach außen vermitteln, als einen wesentlichen Punkt für Glück und Zufriedenheit erkennen und entwickeln.

ÜBUNGEN D

1. Welche Bildungsthemen eignen sich besonders für die Jupiter/Mond-Persönlichkeit?
2. Was gibt ihrem Leben vor allem einen Sinn?
3. Worin können Menschen mit folgenden Konstellationen Zufriedenheit und Erfüllung finden, was heißt für sie Erfolg im Leben:
a. Jupiter im Krebs im 8. Haus?
b. Jupiter im Krebs im 10. Haus?
c. Jupiter im Krebs im Quadrat zur Sonne im Widder?
d. Jupiter in der Waage im 4. Haus?

5. JUPITER - SONNE

Tierkreiszeichen Schütze im 5. Haus / Tierkreiszeichen
Löwe im 9. Haus
Jupiter im Löwen (Sonne im Schützen)
Jupiter im 5. Haus (Sonne im 9. Haus)
Aspekte zwischen Jupiter und Sonne

Essenz

Weiterentwicklung und Erfüllung durch Selbstentfaltung
und Individualität.

Grundspannung

Geist --- Handlung
Weisheit, Erkenntnis --- aktive Selbstverwirklichung

Lösung

Einsatz der Einsichten und des Expansionsstrebens zur
Entfaltung seiner Einzigartigkeit.
Nutzung seiner Kreativität und besonderen Qualitäten, um
Einsichten und Weisheit zu gewinnen und seinen Horizont
zu erweitern.

Selbstbild

Ich entfalte meine einmaligen Fähigkeiten und Eigenschaften, daher kann ich mich stets weiterentwickeln und

Zufriedenheit erfahren.

1. Gebiet der Erweiterung

Entwicklung der Individualität

Der wesentliche Bereich, den die Jupiter/Sonne-Persönlichkeit erweitern möchte, ist die Erkundung und das Sichtbarmachen ihrer besonderen, individuellen Fähigkeiten. Sie will genau das herausfinden, was sie als einmaliger Mensch ausmacht, was seelisch, geistig und vor allem auf der Handlungsebene ihren persönlichen Fingerabdruck darstellen kann.

Daran angeschlossen ergibt sich ein wachsendes Selbstbewusstsein und zunehmende Souveränität, eine Steigerung des Lebenswillens, der Vitalität und persönlichen Strahlkraft.

Je mehr die individuellen Qualitäten an die Oberfläche gelangen und ihren konkreten Ausdruck erhalten, umso mehr wird auch die Eigenständigkeit und Handlungsfähigkeit vermehrt und gestärkt, fühlt man sich noch mehr als König oder Königin und versteht es, sein Leben in die eigene Bahn zu lenken und zu gestalten. Auch der unternehmerische Sektor kann Ziel ihres Expansionsstrebens sein.

2. Art und Inhalt der Bildung

Kreativität und Kunst

Für die Jupiter/Sonne-Persönlichkeit ist es am förderlichsten, Aus- und Fortbildungen anzustreben, die ihre Individualität unterstützen oder präsentieren. Dafür eignen sich in erster Linie Weiterentwicklungen auf dem Gebiet der Kunst, der Kreativität oder der Selbständigkeit (Unternehmensbegründungen und -leitung, Management) bis hin zum Showbusiness und der Schauspielerei.

Die Bildungsmaßnahmen und Aktionen zur Erweiterung des Bewusstseins sollen dazu dienen, die Selbstentfaltung zu erleichtern. Daher können auch Studien zur Selbsterkundung und zum life-management unternommen werden.

Da die Sonne stets strahlen, glänzen und wenn möglich auftrumpfen möchte, wählt sie vielleicht auch Themenbereiche und Bildungsformen, die einen guten, extraordinären und besonderen Namen tragen.

Sie ist außerdem in der Lage, ihrer Persönlichkeit durch selbst kreierte Bildungsprogramme oder Formen der Bewusstseinserweiterung wie auch die Fähigkeit zu ständiger Expansion ihrer unternehmerischen Aktivitäten ein Denkmal zu setzen.

3. Reisen

Individualreisen

Es ist sehr unwahrscheinlich, eine waschechte Jupiter/Sonne-Persönlichkeit auf einer Neckermann-Pauschalreise anzutreffen. Hier muss das Reiseabenteuer Ausdruck ihrer einmaligen Persönlichkeit sein. Sie lässt sich ungern in den Topf einer Gruppenreise werfen und sucht vielleicht auch einen gewissen Hauch von Luxus. Zumindest sollte das Unternehmen Reisen vom Gewöhnlichen abweichen und etwas Besonderes darstellen, etwas zum Angeben, zum Herausstellen ihrer Person.

Die Jupiter/Sonne-Persönlichkeit kommt auf Reisen in ferne Länder in engen Kontakt mit ihrem Wesen und fühlt sich angeregt, Formen für dessen unübersehbare Demonstration und schöpferische Darstellung aufzutun und zu verwirklichen.

Eine Reise oder die Art des Reisens kann für sie zur Basis aktiver Selbstentfaltung werden. Sie kann sie dazu anregen, ihr innerstes Zentrum, ihr wahres Selbst aufzutun und ihr Herz und innere Quelle des Lichts zu öffnen.

4. Lebensphilosophie und Religion

Leben heißt Selbstentfaltung

Lebenssinn bedeutet für die Jupiter/Sonne-Persönlichkeit, ihre Spezialitäten als Persönlichkeit zu erfassen und in eine konkrete, sichtbare Form zu bringen, sie an die Oberfläche zu befördern und damit ihre ganz eigene Art, ihr Wesen zu demonstrieren. Sie will ihre unverwechselbaren Seiten präsentieren und vertritt daher allgemein die Ansicht, dass der tiefere Sinn eines jeden Lebens darin liegt, einen Auftritt, einen Akt seiner Einmaligkeit daraus zu machen und nicht im Einheitsbrei zu versinken.

Die Jupiter/Sonne-Persönlichkeit gewinnt ihre Erkenntnisse und Einsichten über das Leben, indem sie ihre Besonderheit mehr und mehr entwickelt. Jedes neue Teil, jedes Mosaiksteinchen, das sie von ihrer Person entdeckt und auszudrücken versteht, verleiht ihr neue Einblicke in die Geschehnisse und Gesetzmäßigkeiten ihres und damit des Lebens ganz allgemein (man sieht nur außen, was man auch bei sich wahrnimmt).

Das religiöse Leben der Jupiter/Sonne-Person muss sich von der Masse unterscheiden und ihren speziellen Stil und Individualismus preisgeben.

Ihr Gottesbild ist prächtig und königlich. Möglich ist, dass sie dabei auch nicht gerne zwischen diesem äußeren

Gott und ihrem eigenen (oft übertriebenen) Selbstverständnis als erhabene Majestät eine Trennlinie ziehen möchte.

5. Erfüllung und Überzeugungskraft

Einzigartigkeit

Die größte Erfüllung findet die Jupiter/Sonne-Persönlichkeit darin, sich ein reales, auf der Verwirklichung ihrer Tatsächlichkeit beruhendes Selbstbewusstsein zu verschaffen und sich als souveräner, selbstüberzeugter Mensch durchs Leben zu bewegen. Lebendigkeit und Vitalität aufgrund eines immer echteren Selbstausdrucks tragen zu tiefer Zufriedenheit und dem Gefühl von Glück und Erfolg bei. Auch das Leben ihrer spielerischen, kindhaften Seite bis hin zum ebenfalls löwehaften großen Ausgehen in Glanz und Glitter verhelfen ihr zu Erfüllung.

Überzeugen kann sie entsprechend mit Lebenskraft, Selbstvertrauen, Kreativität und der Fähigkeit zu einer eigenständigen Gestaltung ihres Lebens, dadurch dass sie Herrscherin über ihr Dasein wird.

Des Weiteren tragen unternehmerische Tätigkeiten wie auch eine erquickende Sexualität zu ihrer Zufriedenheit und Überzeugungsfähigkeit bei.

6. Lieblingsprojektionen

Expandierende Großunternehmer; erfolgreiche (Top)Mananger; extrem protzige Typen (mit Goldkettchen); selbstherrliche Großmäuler, die pausenlos angeben, wie toll sie sind; ausgemachte Platzhirsche; schmucküberladene Frauen und Männer.

Auf körperlicher Ebene als Zeichen der passiven Manifestation: Erkrankungen (Erweiterungen, Vergrößerungen) am Herzen und/oder bzgl. des Blutdrucks aufgrund von Schwierigkeiten mit dem Lebenssinn/Religion/Weiterentwicklung und Erfüllung. Erkrankungen von Leber oder im Bereich von Hüfte und Oberschenkel als Ausdruck von Problemen der realen Selbstentfaltung und des kreativen Selbstausdrucks.

Konkrete Förderungen der Jupiter/Sonne-Persönlichkeit

- Mit aller Selbstverständlichkeit, Selbstüberzeugung und ohne große Anstrengung an ihrer Selbstentfaltung arbeiten

- Jede Form der Selbsterkenntnis als Voraussetzung dazu nutzen

- Ständige Erweiterung ihrer Produktivität, ihrer Kreativität, ihres Selbstbewusstseins aufgrund der Umsetzung ihres tatsächlichen Wesens

- Selbständige Unternehmen und deren stete Expansion

- Aus- und Weiterbildungen im künstlerischen, kreativen, schauspielerischen Bereich oder als Ausgangsbasis für die Selbsterkenntnis und Selbstverwirklichung

- Ausbildung in life-management

- Unternehmen im Bildungsbereich

- Individualreisen

- Luxus und etwas Besonderes auf ihren Reisen geboten bekommen, sich gestalten, erleben

- Ihren Lebenssinn in der Entfaltung ihrer Individualität und deren schöpferischen Ausdruck erkennen und manifestieren

- Erfüllung, Zufriedenheit, Glück und Erfolg in einer hohen Eigenständigkeit, einem realen Selbstbewusstsein, ihrer Handlungsfähigkeit, einem souveränen Auftreten, in der Herrschaft über ihr Leben, in ihrer Verspieltheit, Kreativität, Sexualität oder einem selbständigen Unternehmen suchen und für sich auftun.

ÜBUNGEN E

1. Welche Bildungsbereiche sind für die Jupiter/Sonne-Persönlichkeit besonders förderlich?

2. Welche Art von Reisen würden Sie empfehlen:
a. Jupiter im Löwen im 10. Haus?
b. Jupiter im Löwen im 12. Haus?

3. Auf welche Weisen finden Menschen mit folgenden Konstellationen am besten Zufriedenheit und Glück:
a. Jupiter im Widder im 5. Haus?
b. Jupiter im Löwen in Opposition zum Mond im Wassermann?

6. JUPITER - JUNGFRAU-MERKUR

Tierkreiszeichen Schütze im 6. Haus / Tierkreiszeichen
Jungfrau im 9. Haus
Jupiter in der Jungfrau (Merkur im Schützen)
Jupiter im 6. Haus (Merkur im 9. Haus)
Aspekte zwischen Merkur und Jupiter

Essenz

Weiterentwicklung und Erfüllung durch seine Arbeit, seine Analysen, seine Fähigkeit, das Leben bestmöglich zu
nutzen und die Geschehnisse zu verarbeiten.

Grundspannung

Ständige Erweiterung, Erfüllung, Expansion --- Vernunft
und Arbeit
Geist --- Erde

Lösung

Einsatz von geistiger Weite, Bildung, Bewusstheit und
einer positiven Lebenshaltung in der Arbeit, bei der Analyse, bei der Verarbeitung und Verwertung der Lebens-
umstände.
Nutzung von Vernunft, analytischen Fähigkeiten und seiner Arbeit, um neue Erkenntnisse zu gewinnen, sein
Weltbild zu finden und Zufriedenheit zu erfahren.

Selbstbild

Ich analysiere mein Leben, verstehe es bestmöglich zu nutzen und habe meine Art der Arbeit gefunden, daher kann ich mich stets weiterentwickeln und bin erfüllt und glücklich.

1. Gebiet der Erweiterung

Arbeitsweise und Strategie

Die Weiterentwicklung der Jupiter/Merkur-Persönlichkeit bezieht sich in erster Linie auf ihren Arbeitsbereich und die Fähigkeit, den alltäglichen Anforderungen des Lebens gerecht zu werden.

Sie will Erweiterung erfahren durch neue Arbeitsmethoden, durch den Umgang mit Arbeitskollegen sowie die Ereignisse und Fortschritte im gesamten Arbeitsgeschehen allgemein.

Außerdem zählt ihre Fähigkeit zu detaillierter Analyse und zur Verarbeitung wie auch Verdauung dessen, was (als Außenspiegel) ihren Weg kreuzt, zum Gebiet ihrer bevorzugten Weiterentwicklung, als Voraussetzung, um diese Ereignisse und ihre gesamten Lebensbedingungen am besten für sich zum Einsatz zu bringen. Dieses Ziel wird unterstützt durch die Erarbeitung von entsprechenden Strategien und einer auf Vernunft und Berechnung beruhenden Lebenssichtweise.

Nicht zuletzt gilt ihre Aufmerksamkeit der Verstärkung ihrer inneren und äußeren Reinigung und Aufgeräumtheit sowie einer gesundheitsbewussten Lebenshaltung.

2. Art und Inhalt der Bildung

Vernunft und Gesundheit

Die Jupiter/Merkur-Persönlichkeit lässt sich nur auf Bildungsunternehmen ein, die sie mit ihrem vernünftigen Geist nachvollziehen kann und die auch einen klaren Nutzen im Alltag mit sich bringen. Sie will die Erkenntnisse anwenden können und sich nicht mit - aus ihrer Sicht - Hirngespinsten befassen.

Während ihres Studiums zeigt sie sehr viel Arbeitseinsatz und ist perfektionistisch und exakt bis hin zu pedantisch, kann sich schnell in Einzelheiten vertiefen und darüber hinaus den Gesamtüberblick verlieren.

Die Jupiter/Merkur-Persönlichkeit hat den Anspruch, mit Hilfe ihrer Fortbildung wie auch Bewusstseinserweiterung und jeder Form der Expansion ihr Leben mit mehr Output gestalten zu können. Sie will das Bestmögliche aus ihm herausholen und Überflüssigkeiten, die nicht rein zweckorientiert sind, außen vor lassen. Als Thematik eignet sich jede Art des naturwissenschaftlichen, analytischen Studiums, der Medizin und allgemein der Gesundheitswissenschaften.

3. Reisen

Geschäftsreisen

Bei der Jupiter/Merkur-Persönlichkeit können die Reisetätigkeiten eng mit ihrer Arbeit in Zusammenhang stehen. Sie reist zumindest nicht nur zum Spaß und ohne einen genau abgesteckten Nutzen erreichen zu können.

Neben der Orientierung an ihrer Arbeit nimmt sie gerne Bezug auf ihr ausgeprägtes Gesundheitsbewusstsein, wenn sie sich ins Ausland aufmacht. Sie möchte entweder in diesem Bereich etwas dazulernen oder direkt eine sehr gesundheitsbewusste Tour in und durch andere Länder buchen.

Es ist wesentlich für sie, die Erfahrungen und Eindrücke der Reise konkret für sich zum Einsatz bringen und umsetzen zu können.

4. Lebensphilosophie und Religion

Das Leben ist Arbeit

Die Lebensphilosophie der Jupiter/Merkur-Persönlichkeit orientiert sich sehr an ihrer Vernunft und Erdverbundenheit. Sie verfügt über einen gesunden Menschenverstand und schweift nicht in himmelweite Höhen ab. Stattdessen versucht sie, ihr Weltbild an den tatsächlichen Gegebenheiten des Lebens anzulehnen und eine praktisch anwendbare Anschauung über den Sinn des Lebens zu entwickeln.

Für sie heißt Leben Arbeit und seinen Dienst leisten, heißt den Anforderungen, die es abverlangt, gerecht zu werden, ohne großes Aufhebens darum zu machen.

Sie sieht ihren Sinn im Arbeitsgeschehen und in der vernünftigen Realisierung ihres Potenzials.

In religiöse Belange kann sie sich nur insoweit einlassen und hineinsteigern, wie es sie in ihren konkreten Lebensbelangen und -bedürfnissen weiterbringt und nicht den Ablauf der täglichen Erledigungen stört. Ihr Gottesbild verlangt klare Dienste und urteilt aus dem rationellen Geist heraus.

5. Erfüllung und Überzeugungskraft

Arbeit und Sauberkeit

Die Jupiter/Merkur-Persönlichkeit sieht ihre Erfüllung zum einen im Ausbau ihrer Fähigkeit zu genauer Analyse und zur Entwicklung von Strategien und Taktiken, um das Leben für sich optimal zu verwerten und zu verarbeiten, in der rationellen, vernünftigen Seite ihres Wesens.

Auch ein ausgeprägtes Maß an Sauberkeit und Gepflegtheit, an innerer und äußerer Hygiene tragen zu einem tiefen Gefühl der Zufriedenheit bei.

Des Weiteren ist es für sie unausweichlich, genau ihren Arbeitsbereich gefunden zu haben mit der Möglichkeit, sich ständig darin weiterentwickeln zu können, um erfüllt und glücklich zu sein.

Ihre Überzeugungskraft liegt daher in ihren analytischen Kräften, ihrer Genauigkeit und Zuverlässigkeit, in der Hingabe an ihre Arbeit und ihren Lebensdienst sowie in ihrer reinlichen Art, mit der sie in und um sich für Sauberkeit und Ordnung sorgt.

6. Lieblingsprojektionen

Pingelige, übergenaue Studenten; Menschen, die pedantisch genau mit ihren Methoden der Bewusstseinserweiterung arbeiten; die ihren Lebenssinn in ihrem Workaholismus betrachten.

Auf körperlicher Ebene als Zeichen der passiven Manifestation:
Erkrankungen des Verdauungstraktes (Darm, Pankreas) oder vor allem Erweiterungen, Verdickungen und Vergrößerungen, aufgrund von Schwierigkeiten mit Lebenssinn,

Weiterentwicklung und positiver Lebenseinstellung. Erkrankungen der Leber oder im Bereich der Hüften und Oberschenkel aufgrund von Problemen im Arbeitsprozess, in der Verarbeitung und Verdauung der Lebensereignisse.

Konkrete Förderungen der Jupiter/Jungfrau-Merkur-Persönlichkeit

- Ständige Weiterentwicklung und Fortbildung an ihrem Arbeitsplatz ermöglichen

- Bewusstseinserweiterung durch Analyse, innere und äußere Reinigung

- Bildungsthemen wählen, die im Alltag Sinn machen, weiterbringen und anwendbar sind

- Mit viel Arbeitseinsatz, Perfektionismus und pedantischer Genauigkeit studieren und sich weiterbilden

- Dienstreisen; Verbindung von Arbeit und Reisen

- Ihre Erfüllung in ihrer Arbeit, ihrer Fähigkeit zu Analyse und Lebensverarbeitung/-verwertung und ihrer Reinlichkeit auf allen Ebenen erkennen und entwickeln.

ÜBUNGEN F

1. Auf welche Art und Weise betreibt die Jupiter/Merkur-Persönlichkeit am besten ihre Aus- und Weiterbildungen sowie ihre Bewusstseinserweiterung?

2. Welche Ansprüche stellt sie an eine Reise?

3. Worin sieht sie bei folgenden Konstellationen den Sinn in ihrem Leben:
a. Jupiter in der Jungfrau im 3. Haus?
b. Jupiter in Konjunktion zur Sonne in der Jungfrau im 4. Haus?
c. Jupiter in der Jungfrau im 8. Haus im Quadrat zum Mond in den Zwillingen?
d. Jupiter im Wassermann im 6. Haus?

7. JUPITER - WAAGE-VENUS

Tierkreiszeichen Schütze im 7. Haus / Tierkeiszeichen Waage im 9. Haus
Jupiter in der Waage (Venus im Schützen)
Jupiter im 7. Haus (Venus im 9. Haus)
Aspekte zwischen Venus und Jupiter
Aspekte zwischen Jupiter und DC

Essenz

Weiterentwicklung und Erfüllung durch Anziehungskraft und Partnerschaft.

Grundspannung

Ständige Expansion, Suche nach Erkenntnis und Erfüllung --- Beziehung zum Gegenüber

Lösung

Einsatz seiner Erkenntnisse, seines Bewusstseins, seiner Großzügigkeit und positiven Lebenshaltung im Beziehungsbereich.
Gewinnen von Einsichten und Erfüllung durch Partnerschaften und seine Art des Schönheits- und Kunstsinns.

Selbstbild

Ich lebe meine Form der Partnerschaft und Attraktivität,

daher bin ich in der Lage, mich weiterzuentwickeln und Erfüllung zu erfahren.

1. Gebiet der Erweiterung

Beziehungsfähigkeit

Der Hauptbereich der Weiterentwicklung der Jupiter/Venus-Persönlichkeit ist das gesamte Gebiet der zwischenmenschlichen Beziehungen. Jede Form der Begegnung erweitert Einsicht und Horizont, insbesondere wenn sie um die Spiegelfunktion des Gegenübers weiß und über die Betrachtung seiner Verhaltensweise ihre eigene erfasst.

Je weiter sie den Kontakt zu ihren einzelnen Wesensteilen herstellt und diese miteinander verbindet, ein Gleichgewicht zwischen ihnen herstellt, umso besser ist sie für eine befriedigende Partnerschaft im Äußeren fähig. Dieser innere Prozess, der sich immer sofort in der Außenwelt wiederfinden wird, gibt die Basis für Bewusstseinserweiterung ab.

Außerdem stellen das Bedürfnis, genau ihren Geschmack, ihren Stil, ihre Art der Anziehungskraft und Schönheit herauszufinden und in ihrem Leben zum Ausdruck zu bringen sowie innere Harmonie und ein inneres Gleichgewicht herzustellen, wesentliche Gebiete dar, auf dem die Jupiter/Venus-Persönlichkeit eine unaufhörliche Weiterentwicklung anstrebt.

2. Art und Inhalt der Bildung

Zwischenmenschliche Beziehung

Die Jupiter/Venus-Persönlichkeit studiert am liebsten mit anderen zusammen, ungern alleine. Sie möchte Kontakte pflegen und einen liebevollen Austausch im Zuge ihrer Aus- und Weiterbildungsmaßnahmen erfahren.

Sie möchte neue Erkenntnisse gewinnen, um ihre Partnerschaften besser und erfüllender gestalten zu können. Sie befasst sich geistig gerne mit dieser Thematik, auch im weiteren Sinne mit dem gesamten Gebiet der zwischenmenschlichen Beziehungen.

Als weitere Themengebiete fühlt sie sich durch Kunst und Kultur angezogen wie auch den Komplex Mode, Schönheit, Ästhetik, Design.

3. Reisen

Flitterwochen und Harmonie

Die Jupiter/Venus-Persönlichkeit geht am liebsten mit einem Liebespartner oder einer anderen geliebten Person auf Reisen. Sie ist nicht gerne allein unterwegs. Reisen weckt ihr Bedürfnis nach Beziehungen, Verbindungen und die Gemeinschaft mit anderen Menschen, macht sie offen und begegnungsfreudig. Es ist ihr wichtig, dass eine kultivierte und harmonische Stimmung herrscht und eventuelle Konflikte schon frühzeitig geschlichtet und beigelegt werden.

Eine Reise zählt zu den wesentlichen Annehmlichkeiten dieser Persönlichkeit und will von ihr genossen werden können. Grundvoraussetzung dafür ist eine ästhetische, schöne Umgebung. Die Jupiter/Venus-

Persönlichkeit unternimmt gerne Kunst- und Kulturreisen.

4. Lebensphilosophie und Religion

Leben heißt Begegnung

Der Sinn des Lebens liegt für die Jupiter/Venus-Personen in der Begegnung mit ihren Mitmenschen ganz allgemein und in der Partnerschaft im Besonderen. Sie möchte Beziehungen jeder Art aufbauen, sich liebevoll austauschen und in ihrer Umgebung Harmonie und eine positive Stimmung verbreiten.

Sie bemüht sich um einen freundlichen, entgegenkommenden Umgang und Kultiviertheit im Zusammensein mit anderen. Ihre Philosophie heißt Frieden, Harmonie und Liebe, heißt die Gemeinsamkeiten und Verbindungen in den Vordergrund zu stellen, anstatt sich zu bekriegen und die Eigeninteressen durchzusetzen.

Wichtig sind auch Ausgleich und das Herstellen eines inneren Gleichgewichtes. Ihr Gottesbild ist von Liebe und Friedfertigkeit gezeichnet.

5. Erfüllung und Überzeugungskraft

Partnerschaft und Schönheit

Menschen mit dieser Konstellation betrachten ihre größte Erfüllung in ihrer Partnerschaft und im Zusammensein mit ihren Mitmenschen, in dem Austausch von Liebe und Freundlichkeit.

Auch die Fähigkeit, ihre Form der Attraktivität zu definieren und für sich im eigenen Sinne zu verwirklichen, verleiht ihnen das Gefühl der Zufriedenheit und des

Glücks, ebenso wie der Zustand von Ausgeglichenheit in ihrem inneren und äußeren Leben.

Ihre Überzeugungskraft liegt daher in ihrer Beziehungsfähigkeit, ihrem geschmack- und stilvollen Äußeren und ihren kultivierten, Harmonie suchenden Umgangsformen, in der Fähigkeit zu Taktgefühl und einem diplomatischen Auftreten.

6. Lieblingsprojektionen

Menschen, deren Gott ihr Äußeres und ihr Aussehen ist; Friede, Freude, Eierkuchen als Lebensphilosophie haben, dem reinen Positivismus frönen; Menschen, die ihren Partner und das Beziehungsthema über Gebühr auf ein Podest stellen und fast schon anbeten.

Auf körperlicher Ebene als Zeichen passiver Manifestation:
Erkrankungen der Nieren (besonders Vergrößerungen) aufgrund von Schwierigkeiten im Bereich Lebenssinn und Erfüllung; Erkrankungen der Leber oder im Bereich Oberschenkel/Hüfte aufgrund von Problemen in der Partnerschaft und bzgl. seinem Selbstbild in Bezug auf Attraktivität und Schönheit.

Konkrete Förderungen der Jupiter/Waage-Venus-Persönlichkeit

- Gemeinschaftliche Bildungsunternehmungen

- Sich im Bereich Partnerschaft, Kunst und Schönheit fortbilden und entsprechend weiterentwickeln

- Studien auf dem Gebiet Ästhetik, Mode, Design, Kunst und Kultur betreiben

- Reisen mit einer geliebten Person, am besten dem Partner unternehmen

- Kunst- und Kulturreisen

- Ihren Lebenssinn in der Begegnung und dem Aufbau von Beziehungen erkennen

- Erfüllung in der Partnerschaft und in anderen zwischenmenschlichen Beziehungen, wie auch im inneren Gleichgewicht und ihrer verwirklichten Form von Schönheit, in einer kultivierten Umgangsform sehen und sich verschaffen

- Zufriedenheit durch Schönheit und Harmonie erfahren.

ÜBUNGEN G

1. Wie bildet sich die Jupiter/Venus-Persönlichkeit am liebsten weiter?
2. Was ist ihr bei Reisen wichtig, um sich wohl zu fühlen?
3. Was kann ihr Zufriedenheit und Glück bei folgenden Konstellationen bescheren:
a. Jupiter in der Waage im 12. Haus?
b. Jupiter in der Waage in der Opposition zum Mars im Widder?
c. Jupiter in Konjunktion zur Sonne in der Waage im 6.Haus?

8. Jupiter - Pluto

Tierkreiszeichen Schütze im 8. Haus / Tierkreiszeichen Skorpion im 9. Haus
Jupiter im Skorpion (Pluto im Schützen)
Jupiter im 8. Haus (Pluto im 9. Haus)
Aspekte zwischen Jupiter und Pluto

Essenz

Weiterentwicklung und Erfüllung durch Intensität, Leidenschaft und Wertfreiheit.

Grundspannung

Höhenflug --- Tiefenbohrung
Weite --- Tiefe
Suche nach Erfüllung und Glück --- Suche nach wertfreier Echtheit und Wahrheit um jeden Preis

Lösung

Erkenntnisse durch innere und äußere Tiefenforschung gewinnen.
Sich tief kennenlernen und wandeln mit Hilfe von Bewusstseinserweiterung, Religion, Bildung und Erkenntnisfähigkeit.

Selbstbild

Ich bin bereit, allen Seiten in mir und im Leben ohne Unterscheidung und Wertung voller Leidenschaft und Intensität entgegenzutreten und mich immer wieder von Grund auf zu wandeln, daher kann ich mich weiterentwickeln und finde Erfüllung.

1. Gebiet der Erweiterung

Tiefgang

Das Hauptgebiet der Weiterentwicklung liegt hier in der Öffnung der Tore nach unten ins Unbewusste, um neue Eindrücke und Wiedererinnerungen zu erfahren mit den Seiten seines Wesens, die als unpassend und beängstigend abgestempelt und unterdrückt wurden.

Die Beschäftigung mit dem tiefen, dunklen Meer in der inneren, ins Unterbewusstsein versenkten Stadt, die Wiedereingliederung dieser Unbekannten ins Selbstbild ist eine endlose, immer mehr erweiternde Aufgabe und Möglichkeit der Jupiter/Pluto-Persönlichkeit.

Durch diese innere Erweiterung wird die Macht über die eigene Person, wird die Selbstbestimmung stetig weiter erhöht. Angst und Misstrauen vor nach außen projizierten schwarzen Stellen ihres Seins werden mehr und mehr überflüssig. Daneben kann sie ihren Drang zu absoluter Wahrheit und Echtheit, ungeachtet der Konsequenzen und Einbußen an Lebenssicherheit stetig verstärken.

2. Art und Inhalt der Bildung

Grenzwissenschaften

Die Jupiter/Pluto-Persönlichkeit fühlt sich vor allem zu forschenden Wissenschaften und Bildungsbereichen hingezogen. Dies können die abstrakten Naturwissenschaften, aber auch die Tiefenpsychologie und jede Form der Grenzwissenschaften sein.

Sie möchte mit Hilfe der Aus- oder Weiterbildung ihrem ausgeprägten Forscherdrang folgen und in Grenzgebiete des Lebens vordringen (Okkultismus, Tod, Schattenseiten, auch Medizin als Wissenschaft, die zwischen Leben und Tod - zumindest nach äußerlicher Sichtweise - mitentscheiden kann).

Bildung bedeutet für sie eine Möglichkeit, sich tief zu entdecken oder einen anderen Themenbereich zu sezieren und bis ins letzte auseinanderzunehmen und zu untersuchen.

Sie will auch aufdecken und aufklären können mit Hilfe ihrer fortbildenden Maßnahmen und den Betätigungen für ihr Bewusstseinswachstum, in sich selbst oder in Außengebieten ihres Lebens.

3. Reisen

Extreme

Die Jupiter/Pluto-Persönlichkeit bevorzugt extreme Touren und Herausforderungen bei ihren Reiseunternehmungen. Sie will an ihre Grenzen stoßen und sie wenn möglich überspringen müssen, wenn sie unterwegs ist. Dafür eignen sich außergewöhnliche Anforderungen oder verruchte, tabuisierte Orte und Maßnahmen.

Des Weiteren unternimmt sie gerne jede Art von Forschungsreisen. Im übertragenen Sinne können diese auch ins eigene Innere oder das anderer Menschen getätigt werden, in seine ins Licht zu bringende schwarze Seite.

4. Lebensphilosophie und Religion

Leben heißt Forschen und Echtheit

Für die Jupiter/Pluto-Persönlichkeit liegt der Sinn des Lebens in der tiefen Ergründung dessen, was ihren Weg kreuzt. Mit weniger als Absolutheit und exzessiver Erforschung gibt sie sich nicht zufrieden. Sie will alles oder nichts, will sich vollkommen in eine Sache hineinbegeben oder für immer abwenden. Sie kennt keine Kompromisse.

Leben heißt für sie Hinabsteigen in die innere Finsternis, in die Tiefen und Verbote, in die Geheimnisse und das Verborgene des Daseins, heißt, sich immer wieder an den Rand, an die Grenze ihrer bisherigen Erlebnisse und Erfahrungen zu bringen und diese zu erweitern durch das Bestreben, so authentisch wie möglich zu sein und auch ihre so genannten negativen Seiten an den Tag zu legen.

Gelingt ihr dies nicht, kann sie den Sinn auch in Machtausübung und Machtmissbrauch sehen, in der Manipulation und Kontrolle ihrer eigenen Echtheit und damit auch der Menschen, die mit ihr Kontakt haben.

Das Gottesbild ist kompromisslos und will seine Opfer dargebracht haben, fordert eine vollkommen echte Lebensweise mit Integration auch der dunklen Seiten und der Fähigkeit zu Wandlung und Veränderung. Ansonsten straft er mit Schicksalsschlägen, um aus zu gewohnten und rein sicherheitsorientierten Bahnen herauszureißen.

5. Erfüllung und Überzeugungskraft

Leidenschaft und Wahrheitsliebe

Die Kontrolle zu verlieren und ganz in ihrer Leidenschaft und Intensität aufzugehen, bedeutet die hauptsächliche Erfüllung für die Jupiter/Pluto-Persönlichkeit. Auch ihr Leben gemäß ihren Vorstellungen gestalten zu können, zählt zu ihren Möglichkeiten, Zufriedenheit zu erfahren.

Jeder Bereich, der allgemein negativiert und verdrängt wird, der keinen guten Ruf genießt und Geheimnisse in sich birgt, der in der Grenzzone des Lebens liegt oder direkt den Tod anbelangt, reizt sie und kann zu ihrer Erfüllung beitragen. Es bedeutet für sie Glück, sich und ihre Interessensgebiete vollständig zu durchleuchten und zu erfassen.

Ihre Überzeugungskraft liegt daher in ihrer totalen, faszinierenden und gleichzeitig oft beängstigenden Ausstrahlung, entweder weil sie Macht ausübt oder weil es ihr gelungen ist, ein hohes Maß an innerem Zusammenwachsen mit ihren dunklen Wesensanteilen zu gewährleisten und daher tief ins Leben eingetaucht zu sein - die Grundbedingung, um Totalität und Echtheit ganz natürlich auszustrahlen.

6. Lieblingsprojektionen

Religionsfanatiker; Menschen mit extremen Vorstellungen, Besessenheit und Verbissenheit bzgl. Religion, Weltbild, Bildung, und Bewusstheit; machtvolle Gurus und Geistliche.

Auf körperlicher Ebene als Zeichen der passiven Manifestation:
Erweiterungen und Vergrößerungen von Enddarm, Geschlechtsorganen oder Blase bzw. Erkrankungen dieser Organe aufgrund von Schwierigkeiten mit Lebenssinn und Erfüllung. Erkrankungen der Leber oder im Bereich von Hüften und Oberschenkel aufgrund von zu fixen Lebensvorstellungen, Verbissenheit, Festhalten, Kontrolle, Manipulation.

Konkrete Förderungen der Jupiter/Pluto-Persönlichkeit

- Ständig die innere Erkundungsreise fortsetzen und immer tiefer gehen

- Lernen, mehr und mehr die Kontrolle zugunsten der freien Leidenschaft zu verlieren

- Natur- oder geisteswissenschaftliche wie auch tiefenpsychologische Forschungen betreiben

- Sich intensiv mit Weiterbildung und Bewusstseinserweiterung in Grenzbereichen, bzgl. Tod oder anderen (kollektiv) verdrängten Thematiken beschäftigen und ggf. selbst darin lehren

- Bildungsbereiche wählen, mit denen man Verborgenes aufdecken, mit denen man aufklären kann

- Intensive innere Reisen vornehmen und durchleben

- Extreme Reiseunternehmungen, die alles abfordern oder in verruchte, geheimnisvolle Gebiete führen

- Ihren Sinn des Lebens in intensiven Erforschungen und in absoluter, kompromissloser Echtheit, in der Integration des Schattens sehen

- Erfüllung im Loslassen der Kontrolle, in der Tiefenreise ins Innere oder außerhalb, in ihrem Forscherdrang, in der zunehmenden inneren Sattheit aufgrund von Reintegrationsarbeit, in ihrer vollkommenen Authentizität erkennen und suchen

- Zufriedenheit durch das Folgen ihres Dranges nach Tiefe, Wahrheit und Wandlung, wie sie auch aussehen mag, erfahren.

ÜBUNGEN H

1. Was ist der Jupiter/Pluto-Persönlichkeit im Zuge ihrer Weiterbildung am wichtigsten?

2. Was macht für sie in erster Linie ihre Erfüllung aus?

3. Worin betrachtet sie den Sinn ihres Lebens:
a. Jupiter im Skorpion im 1. Haus?
b. Jupiter im Skorpion im 12. Haus?
c. Jupiter im Skorpion in Opposition zum Mars im Stier?

9. JUPITER - JUPITER

Tierkreiszeichen Schütze im 9. Haus
Jupiter im Schützen
Jupiter im 9. Haus

Essenz

Weiterentwicklung und Erfüllung durch ständige Erweiterung, Expansion und eine positive Lebenshaltung.

Grundspannung

Keine

Selbstbild

Ich finde mein Glück und meine Erfüllung durch stete Weiterentwicklung, Bewusstseinswachstum und Expansion.

1. Gebiet der Erweiterung

Bildung

Die Jupiter/Jupiter-Persönlichkeit möchte ihren geistigen Horizont und ihren Bildungsstand erweitern. Sie arbeitet endlos daran, neue Einblicke in den Sinn des Lebens, neue Erkenntnisse zu gewinnen und sich dem Studiengebiet LEBEN zu widmen. Daraus geht ihre Weltanschauung und ihr religiöses Verständnis hervor, die beide in gleicher Weise nie stillstehen, sondern einer ständigen Bereicherung und Ergänzung unterliegen.

Zudem nutzt sie jede Möglichkeit für ihr Bewusstseinswachstum und arbeitet an ihrer Fähigkeit, den Ereignissen des Lebens einen Sinn abzugewinnen, und ihre positive Grundhaltung zu verstärken. Es stellt ein wesentlicher Lebensinhalt für sie dar, sich weiterzubilden und ihren Geist durch die Beschäftigung mit anderen Ländern und Religionen zu erweitern.

2. Art und Inhalt der Bildung

Höhere Geistigkeit

Die Jupiter/Jupiter-Persönlichkeit strengt sich bei ihren weitläufigen Bildungsunternehmungen ungern an. Sie will sich in Fülle und Verschwendung, in reichen Mengen an geistigem Stoff erfreuen und diesen wie selbstverständlich aufnehmen können. Sie will sich nicht unnötig bemühen.

Als Lern- und Lehrgebiete ist ihr jedes Thema recht, das ihren Horizont erweitert und wenn möglich die Sinnfrage des Lebens mitbehandelt. Klassische Jupiterthemen befassen sich mit Religion, Philosophie, Bildungs- und Rechts(Gerechtigkeits-)wesen allgemein und fremden Ländern und Kulturen.

Vielleicht sucht sie auch nach geistiger Führung mit Hilfe von Bildung und Bewusstseinserweiterung oder Religion, bis sie ihre eigene Weisheit gefunden und sich ein ganz individuelles Weltbild entworfen hat. Aus dieser Position heraus eignet sich die Jupiter/Jupiter-Persönlichkeit besonders (aus echter innerer Substanz heraus) für eine Aufgabe im Lehrbereich als Dozentin.

3. Reisen

Ferne Länder

Die Jupiter/Jupiter-Persönlichkeit bevorzugt Reisen in ferne Länder und in völlig andersartige Kulturen, so dass die Fahrt wirklich ein Abenteuer wird und ihren Drang nach weiterführenden geistigen Eindrücken befriedigt.

Die Reise soll eine Freude, ein müheloses Unterfangen, eine Annehmlichkeit sein, die Erkenntnisse mit sich bringt und dem Bestreben nach Expansion und Weiterentwicklung Rechnung trägt. Es sind Bildungsreisen jeder Art entsprechend, sowohl als Teilnehmer als auch als Leiter und Führer. Auch ein religiöser Hintergrund kann Ursache einer Reise sein.

4. Lebensphilosophie und Religion

Das Leben ist Erfüllung

Für die Jupiter/Jupiter-Persönlichkeit liegt der Sinn des Lebens im Annehmen seines verschwenderischen Reichtums und seines Übermaßes. Sie betrachtet das Dasein als einen Platz, auf dem kein Mangel herrscht und für jeden ohne Schwierigkeiten die Möglichkeit zu Zufriedenheit und echtem Glück besteht.

Als religiöse Überzeugung wählt sie sich vielleicht eine fernöstliche Sichtweise aus oder eine andere Form, die nicht der landläufigen entspricht, sondern eine exotische Note hat. Das Gottesbild zeigt sich bei dieser Konstellation großzügig und weise. Es spendet Reichtum und ein Leben im Schlaraffenland.

5. Erfüllung und Überzeugungskraft

Geist und Erfolg

Die größte Erfüllung der Jupiter/Jupiter-Persönlichkeit liegt in der Möglichkeit, sich pausenlos zu entwickeln und zu expandieren. Sie möchte grenzenlos ihren Geist und ihre Einsichten weiten und sich mit höherer geistiger Nahrung füttern. Sie muss ständige Fortschritte sehen, um Glück und Zufriedenheit zu erfahren.

Ihre Überzeugungskraft liegt daher in ihrem Bildungs- und Bewusstseinsstand, in ihrer religiösen Sichtweise, in ihrem Missionseifer und ihrer positiven Erwartungshaltung dem Leben gegenüber. Sie überzeugt durch ihre Fähigkeit, auch den schwierigsten Situationen noch einen tieferen Sinn, eine Bedeutung abzugewinnen und aufgrund ihrer Zuversicht auch ein hohes Maß an Erfolg anzuziehen und für sich verbuchen zu können.

6. Lieblingsprojektionen

Menschen, die völlig in ihrer Vergeistigung abgehoben sind; die sich ganz in ihrem Gurutum, ihrer Geistlichkeit oder ihrem Dozenten/Schülerdasein verlieren und jeden Kontakt zur Realität verloren haben; exzessive Missionare wie auch Positivisten (alles easy, alles locker, null problemo).

Auf der körperlichen Ebene als Zeichen der passiven Manifestation:
jede Form der Erweiterung, Aufblähung, Vergrößerung, Wucherung. Erkrankungen von Leber/Hüfte/Oberschenkel bei zu viel oder wenig Orientierung an den Jupiterthemen.

Konkrete Förderungen der Jupiter/Jupiter-Persönlichkeit

- Jede Art der Aus- und Fortbildung, der Expansion und Weiterentwicklung

- Arbeit am Bewusstseinswachstum

- Eigene Lebensphilosophie und religiöse Sichtweise für sich entwickeln

- Studium der Religionswissenschaft, Philosophie, all dessen, was fremde Länder und Kulturen berührt

- Eine höhere Schulbildung und akademische Laufbahn

- Dozent und Ausbilder sein

- Das Leben als Ort des Reichtums, der Fülle und des Überflusses erkennen

- Reisen in ferne Länder und Kulturen

- Bildungsreisen

- Reisen mit religiösem Hintergrund

- Ihre Erfüllung in Bildung, Bewusstheit, Expansion, Fortschritt, Lebensfreude und Erfolg erkennen und sich beschaffen.

ÜBUNGEN I

1. Wie studiert die Jupiter/Jupiter-Persönlichkeit am liebsten?

2. Was sieht ihr Weltbild aus?

3. Wie erfährt sie Zufriedenheit und Erfüllung:
a. Jupiter im Schützen im 3. Haus?
b. Jupiter im Schützen im 10. Haus?
c. Jupiter im Schützen im Quadrat zum Mond in den Fischen?

10. JUPITER - SATURN

Tierkreiszeichen Schütze im 10. Haus / Tierkreiszeichen
Steinbock im 9. Haus
Jupiter im Steinbock (Saturn im Schützen)
Jupiter im 10. Haus (Saturn im 9. Haus)
Aspekte zwischen Jupiter und Saturn
Aspekte zwischen Jupiter und MC

Essenz

Weiterentwicklung und Erfüllung durch Beruf, Ordnung,
Stabilität und die Fähigkeit, sich selbst Gesetz und Autorität zu sein.

Grundspannung

Weite, Expansion, stete Ausdehnung --- Konzentration,
Bündelung, Beschränkung auf das Wesentliche,
Pflichtorientierung.

Lösung

Einsatz von Lebensfreude, Zuversicht, Bildung, Weisheit
und Bewusstheit für seinen Beruf und um sich eine klare
Ordnung und Stabilität aufzubauen.
Die berufliche Tätigkeit sowie die Fähigkeit zu Konzentration, Ausdauer, Fleiß und Disziplin nutzen, um zu Er-
kenntnissen, seinem Weltbild zu gelangen und Erfüllung
zu finden.

Wunde

Bestrafung und Beschränkung von Glück, Lebensfreude und Erfolg.
Unmenschliche Anforderungen als Voraussetzung für Erfüllung und Erfolg.

Heilung

Menschliche, realistische, selbst definierte Maßstäbe ansetzen, um sich Lebensfreude und Erfolg zu gönnen, um Glück zuzulassen.
Glück als Lebensrecht eines jeden erkennen, sich zugestehen und sich ganz bewusst und beabsichtigt, geplant, überlegt und mit Geduld verschaffen.

Selbstbild

Ich bin bereit, konzentrierte (berufliche) Arbeit zu leisten, und habe meine eigene Ordnung und Stabilität im Leben errichtet, daher kann ich mich weiterentwickeln und bin glücklich und zufrieden.

1. Gebiet der Erweiterung

Lebensziele und Ordnung

Die Jupiter/Saturn-Persönlichkeit möchte stets ihre beruflichen oder allgemeinen Lebensziele erweitern und für deren Verwirklichung die saturnischen Eigenschaften der Ausdauer und Leistungsfähigkeit, der Selbstdisziplin und des Durchhaltevermögens verstärkt entwickeln. Sie kann ihre beruflichen Ambitionen immer expansiver formulieren und den dazu notwendigen Ehrgeiz steigern.

Mit Hilfe klarer Lebensziele und -pläne versteht sie es, sich ihre eigene Ordnung und Stabilität aufzubauen, ihr eigenes Lebensgerüst, das ihr Halt und Stütze ist, zu errichten. Sie ist bestrebt, diesen Aufbau eines eigenen Rückgrats ständig voranzutreiben und dadurch Begrenzungen und Einschränkungen durch die Außenwelt, durch äußere Autoritätspersonen zunehmend überflüssig werden zu lassen.

Ihre Weiterentwicklungswünsche betreffen daher in erster Linie ihr Berufsleben wie auch ihre Fähigkeit, das Leben selbstverantwortlich und in eigener Gesetzmäßigkeit, gemäß ihrer persönlichen Maßstäbe zu gestalten.

2. Art und Inhalt der Bildung

Klassisch-konventionell, ehrgeizig

Insbesondere in jungen Jahren strebt die Jupiter/Saturn-Persönlichkeit eine allgemein anerkannte, klassische Bildung und wenn möglich eine akademische Laufbahn an. Sie ist bereit zu konzentrierter geistiger Arbeit, zeigt sich ausdauernd und arbeitet voll Disziplin auch an langfristigen Studienprojekten. Diese müssen klare Ergebnisse bringen und Früchte tragen, müssen helfen, die Stabilität im Leben zu steigern und den Ehrgeiz wecken und befriedigen.

Die Jupiter/Saturn-Persönlichkeit fühlt sich angezogen von Aus- und Weiterbildungen, die viel Arbeitseinsatz verlangen und ihr vielleicht auch ermöglichen, als geistige Autorität aufzutreten und als Lehrerin oder Ausbilderin zu fungieren.

Wenn sie ihre persönlichen geistigen Auffassungen gefunden und gefestigt hat und ihre eigenen geistigen Gesetze schreibt, kann der Wunsch erwachen, sich von der rein konventionellen Bildungsweise abzuwenden und eigene Formen zu finden, ihre Erkenntnisse zu Lehrstoff zu machen und ihre persönliche Art der Bildung und Bewusstseinserweiterung zu entwickeln.

3. Reisen

Berufliche Reisen

Die Jupiter/Saturn-Persönlichkeit reist weniger zum Spaß an der Freude, sondern eher aus einem klar erkenntlichen Nutzen und Sinn heraus. Am naheliegendsten eignen sich daher Geschäftsreisen oder zumindest Touren, die in irgendeiner Weise für die beruflichen Interessen einsetzbar sind.

Ansonsten bevorzugt sie Reiseunternehmungen, die sehr gut geplant und vorbereitet sind und unberechenbare Faktoren so weit wie möglich ausschließen. Wenn sie dann ein Ziel ausgemacht hat, das ihr zusagt, besteht die Tendenz, an diesem über Jahre festzuhalten und diese Reise zu einem Faktor der Festigkeit in ihrem Leben werden zu lassen.

Sie ist nicht sehr experimentierfreudig und vielleicht auch etwas ängstlich, braucht einen längeren Anlauf und viele genaue Überlegungen, bis sie zu einem solchen Unternehmen startet.

4. Lebensphilosophie und Religion

Leben ist Pflicht und Verantwortung

Für die Jupiter/Saturn-Persönlichkeit stellt das Leben eine ernste Angelegenheit dar. Sein Sinn besteht darin, seinen Verpflichtungen nachzukommen und Verantwortung zu übernehmen. Erst die Arbeit, dann das Vergnügen - ist eine wichtige Maxime, wobei vor lauter Arbeit oft genug kein Raum mehr für Müßiggang bleibt. Es stellt deshalb eine Lebensaufgabe für diese Konstellation dar, das Vergnügen nicht durchgehend zu vernachlässigen, sondern gleichberechtigt neben den Pflichten einen festen Platz im Leben einzuräumen.

Der Mensch sollte sich von dem Halt der Ersatzgerüste (Norm, Konventionen) mit zunehmendem Erwachsensein lösen und zu seiner eigenen Struktur werden. Dies erreicht er durch eine klare Formulierung seiner Lebensziele und das realistische Angehen ihrer Manifestation.

Im religiösen Bereich wählt sie eine klassische Version aus oder sucht nach einer anderen Praktik, die ihr Bedürfnis nach Festigkeit stillt. Ihr Gottesbild ist streng und erwartet hohe Vorleistungen, bis sie mit der Befriedigung ihrer Wünsche rechnen darf.

5. Erfüllung und Überzeugungskraft

Beruf und Ordnung

Die Jupiter/Saturn-Persönlichkeit erfährt ihre höchste Erfüllung im Beruf und in der Form der Anerkennung, die sie sich für den Einsatz ihrer Arbeit und Leistungen wünscht. Sie betrachtet es als Erfolg, im geistigen, religiösen und bewusstseinsmäßigen Bereich ihre eigene Autorität zu sein und sich nicht länger an fremden Einsichten und Weltbildern orientieren zu müssen.

Die Art und Weise, wie sie in der Öffentlichkeit und Gesellschaft dasteht, zählt ebenfalls zu den Gebieten, die ihr Zufriedenheit verschaffen können. Ihre Überzeugungskraft erwächst aus ihrer Disziplin und Zuverlässigkeit, aus ihrer Erdverbundenheit und Stabilität; außerdem aus ihren beruflichen Leistungen und ihrem hohen Verantwortungsbewusstsein.

6. Lieblingsprojektionen

Sehr strenge Lehrer, Dozenten, Ausbilder; Intelligenzschwächlinge; starres Bildungswesen; strenge Religion und Gottheit; Weltbilder und Lebensphilosophien, die höchste, übermenschliche Ansprüche stellen und das Dasein als Leid und ewiges Jammertal betrachten.

Auf der körperlichen Ebene als Zeichen der passiven Manifestation:
Vergrößerungen/Erweiterungen/übermäßiges Wachstum von Knochen und Gelenken; allgemein Erkrankungen der Knochen und Gelenke aufgrund von Schwierigkeiten mit dem Finden seines Lebenssinnes und seiner Erfüllung. Erkrankungen der Leber/Hüfte/Oberschenkel aufgrund mangelnder Ordnung, Stabilität und beruflicher Erfolge; Fettembolie; Stauungsleber; Leberzirrhose; Hüftarthrose; Platzangst.

Konkrete Förderungen der Jupiter/Saturn-Persönlichkeit

- Ihre beruflichen Ziele und Ambitionen ständig erweitern

- Weiterentwicklung von selbst gestalteter Lebensordnung sowie ihrer Ausdauer, Geduld und Disziplin

- Konventionelle Bildung, akademische Laufbahn

- Entwicklung einer eigenen Lebensphilosophie, Bildungsart, Methode der Bewusstseinserweiterung, die einem Halt und Stütze verleiht und die man ggf. lehrt.

- Bildung, die konkret die beruflichen Ambitionen unterstützt

- Weiterbildung und/oder Reisen zu ihrem Beruf machen

- Reisen sehr gut planen und vorbereiten

- Ihren Lebenssinn in ihren Verantwortungen, Pflichten, in ihrer beruflichen Arbeit sehen

- Erfüllung und Erfolg für sich definieren durch berufliche Tätigkeit und sich religiös, lebensphilosophisch und bildungsmäßig selbst zum Gesetz zu werden

- Geistige Autorität sein

- Durch Zuverlässigkeit, Ordnungssinn, Diszipliniertheit und berufliche Leistungen überzeugen.

ÜBUNGEN J

1. In welcher Weise kann sich die Jupiter/Saturn-Persönlichkeit am besten weiterbilden?

2. Wie heißt ihre grundsätzliche Lebensphilosophie?

3. Worin möchte sie bei folgenden Konstellationen Glück und Erfolg erfahren:
a. Jupiter im Steinbock im 7. Haus?
b. Jupiter im Steinbock in Opposition zur Sonne im Krebs?
c. Jupiter in Konjunktion zu Uranus im 10. Haus?

11. JUPITER - URANUS

Tierkreiszeichen Schütze im 11. Haus / TKZ Wassermann im 9. Haus
Jupiter im Wassermann (Uranus im Schützen)
Jupiter im 11. Haus (Uranus im 9. Haus)
Aspekte zwischen Jupiter und Uranus

Essenz

Weiterentwicklung und Erfüllung durch Freiheit und Gemeinschaftssinn.

Grundspannung

Geistige Weiterentwicklung, Expansion --- Freiheitsdrang, Ausbruch, Rebellion, progressive Tendenzen

Lösung

Einsatz der Bildung, Weisheit und Bewusstheit, um sich zu befreien, auszubrechen und in die Gemeinschaft einzubringen.
Nutzung der Unabhängigkeit und der Visionen, um seinen Horizont zu erweitern und sich weiterzuentwickeln.

Wunde

Bedürfnis nach Erfüllung und Glück steht über dem Drang nach Ausbruch und Freiheit.

Heilung

Erfüllung und Glück in diesen Brüchen des Lebens, in der Selbstbefreiung erkennen und finden.

Selbstbild

Ich verschaffe mir meinen Freiraum und bin ein Gemeinschafts-/Freundesmensch, daher kann ich mich weiterentwickeln und erfahre Erfüllung.

1. Gebiet der Erweiterung

Unabhängigkeit

Die Jupiter/Uranus-Persönlichkeit arbeitet vor allem an der Weiterentwicklung ihres Freiheitsgrades. Sie möchte immer mehr mit der Vergangenheit brechen, will erstarrte Lebensstrukturen erkennen und mit einem Ruck hinter sich lassen. Sie verlangt nach einem Mehr an Spontaneität und Aufregung, nach einem hohen Maß an Abwechslung und Spannung.

Ein nächster Bereich der Erweiterung stellt der Kreis der Menschen dar, die sie als Freunde und Gleichgesinnte betrachtet, die sie als Mitglieder ihrer Form der Gemeinschaft ansieht. Die Jupiter/Uranus-Persönlichkeit möchte ihre freie Beweglichkeit ausdehnen und immer neue Visionen entwickeln für ein Zusammenleben mit Freundschaftlichkeit, Gleichheit und Teamgeist.

2. Art und Inhalt der Bildung

Visionen, Erfindungen, geistige Sprünge

Die Jupiter/Uranus-Persönlichkeit wehrt sich gegen jede Form der klassischen Aus- und Fortbildung. Sie möchte stattdessen wirkliche geistige Sprünge machen können, will in völlig neue Dimensionen gelangen und in ihrem Bedürfnis nach Abstand von allem Gewöhnlichen unterstützt werden.

Es stört sie, alte wissenschaftliche Lehrstoffe herunterbeten zu müssen, geistig Eingestaubtes auswendig zu lernen. Stattdessen möchte sie ihren Geist weiten und ihren Visionen und Eingebungen, ihren Gedankenblitzen Einlass gewähren und neue Anschauungen entwickeln, die sich von den üblichen Einstellungen und Bildungsinhalten abheben.

Außerdem könnte sie neue Lehrmethoden erfinden und an dem Aufbau eines Bildungswesens mitbeteiligt sein, in dem mehr Freiheit in der geistigen Entwicklung gefördert wird, als es bisher der Fall ist.

Sie betreibt ihre Studien bzw. ihre Lehren am liebsten gemeinsam mit anderen und wendet dafür neueste Techniken an. Sie wehrt sich gegen Regelmäßigkeit und Gleichklang, sondern zieht es vor, in Schüben und ihrer Spontaneität heraus geistige Arbeit zu leisten.

Als Inhalt ihrer Bildungsmaßnahmen könnten Naturwissenschaften, High-Tech-Forschung, Physik und Elektrizität, Computer und jede Form der neuesten geistigen Errungenschaften sein bzw. jedes Feld, auf dem sie ihrem erfinderischen Geist freien Lauf lassen kann.

3. Reisen

Last minute

Außer den geistigen Reisen ins nächste oder gar übernächste Jahrhundert entweder allein oder mit Hilfe von science-fiction liebt die Jupiter/Uranus-Persönlichkeit in erster Linie Spontanreisen. Sie möchte sich plötzlich aus dem gewöhnlichen Alltag katapultieren, indem sie einen last minute-Flug bucht oder sich einfach in Auto oder Zug setzt und die Routinewelt hinter sich lässt.

Reisen heißt für sie, über den Wolken zu schweben, d.h. Freiheit und vor allem Abstand zu erfahren, Distanz zu gewinnen zu den Gewöhnlichkeiten des Lebens. Die Reisen müssen Aufregung versprechen, ins Chaos führen und eine unkonventionelle Farbe tragen. Neckermann macht es hier nicht möglich. Wie bei jeder Zusammenkunft mit Uranus besteht der Wunsch nach Gemeinschaftsunternehmungen, nach Reisen mit Freunden oder in einer anderen Form von Gruppe.

4. Lebensphilosophie und Religion

Leben ist Freiheit und Gleichheit

Für die Jupiter/Uranus-Persönlichkeit liegt der Sinn des Lebens im ständigen Ausbruch aus überholten Lebensformen und der Entwicklung unkonventioneller Sicht- und Verhaltensweisen. Sie will jenseits von Bindungen und Gefühlen stehen, von ihren persönlichen Interessen. Stattdessen gilt es, sich innerhalb der Gemeinschaft einzubringen und sich für Gleichheit und Gerechtigkeit stark zu machen. Auch die Fähigkeit zu Gemeinschaftssinn und Zusammengehörigkeitsgefühl verstärkt das Gefühl der

Eingebundenheit und Sinnhaftigkeit im Leben.

Die religiöse Meinung der Jupiter/Uranus-Persönlichkeit wendet sich von jeder klassischen Lehre ab und sie sucht nach ganz unkonventionellen Möglichkeiten und Methoden der Rückverbindung. Ihr Gott, falls sie einen hat, zeigt sich sehr großzügig. Er sperrt nicht in bestimmte Schemata und Verhaltensvorschriften ein, sondern ist undogmatisch und gewährt alle Freiheiten, die dem Menschen innewohnen. Er sorgt für Chaos, aus dem wieder neue Erfahrungen geboren werden können.

5. Erfüllung und Überzeugungskraft

Freiraum, Distanz und Freundschaft

Natürlich ist die Unabhängigkeit die bestmögliche Eigenschaft und Lebensart, die zur Erfüllung der Jupiter/Uranus-Persönlichkeit beiträgt. Sie zeigt sich zufrieden, wenn sie jederzeit plötzlich aus ihrem üblichen Leben springen und dieses mit Abstand wahrnehmen kann, wenn spontane Aktionen machbar sind. Sie ist glücklich, wenn das Leben ein Experiment bleibt und nicht in konventionellen Bahnen erstarrt, wenn es Abwechslung und Überraschungen bietet, auch wenn dies auf Kosten von Sicherheit und Bindungsfähigkeit geht.

Ein weiteres wesentliches Gebiet, das sie erfüllt, ist das Auftun einer Gemeinschaft oder Gruppe, ist ihr Freundeskreis. Überzeugen und Erfolg haben kann sie am besten durch ihre unkonventionelle Art, durch ihren Bruch mit den Normen, ihre Freundschaftlichkeit und Hilfsbereitschaft, ihren Teamgeist und ihre Verrücktheit.

6. Lieblingsprojektionen

Geistige Chaoten, die jeden Bezug zur Realität verloren haben und nur noch irrealen Hirngespinsten nachhängen; Gruppen von Guru-Anhängern oder Religionssekten.

Auf der körperlichen Ebene als Zeichen der passiven Manifestation:
Erkrankungen der Leber oder im Oberschenkel/Hüftbereich (z.B. Brüche, Luxationen) aufgrund von Schwierigkeiten mit Ausbruch, Freiheit und Abstand. Beschwerden des Nervensystems oder im Unterschenkelbereich aufgrund von Problemen mit Lebenssinn, Weiterentwicklungsmöglichkeiten und Erfüllung.

Konkrete Förderungen der Jupiter/Uranus-Persönlichkeit

- Unentwegt an der Selbstbefreiung und Unabhängigkeit arbeiten, diese erweitern und verstärken

- Ihren Teamgeist und ihr Zusammengehörigkeitsgefühl, ihren Gemeinschaftssinn weiterentwickeln

- Keine klassischen Studien betreiben und Ausbildungen machen

- Stattdessen unkonventionelle Wissensgebiete wählen

- Oder Informatik, high-tech, Naturwissenschaften, Astrophysik, Raumschiffahrt, alles, was den Geist aus dem normalen Denkschema herauskatapultiert, seinen Erfindergeist anspornt und Grenzen sprengt

- Internet als Bildungsplattform

- Mit Freunden und anderen sich bilden oder andere lehren und dabei ungewöhnliche Methoden anwenden und/oder die neueste Technik nutzen

- Unregelmäßig und nach spontaner Lust geistig tätig werden, nicht aufgrund strenger Lehrpläne

- Weiterbildungen und Bewusstseinswachstum, um mehr Freiraum und die Lösung von der Vergangenheit zu erreichen

- Aufregende, spontane Reisen unternehmen, wie last minute etc.

- Gruppenreisen bzw. Reisen mit Freunden

- Geistige Reisen unternehmen, Visionen zulassen, sich geistig ins nächste Jahrhundert einfinden

- Ihren Lebenssinn in Unabhängigkeit, Gleichberechtigung und Gleichheit schaffen, in ihrer Selbstbefreiung und der Unterstützung der Befreiung (von was auch immer) anderer sehen

- Erfüllung und Erfolg durch plötzliche Bewegungsfähigkeit, Bruch mit falschen Sicherheiten und Normen, Freiheit und Distanz, Abwechslung, Aufregung und Freunde anstreben und sich ermöglichen

- Durch Gemeinschaftssinn, Eigenwilligkeit, Originalität und Chaos überzeugen und Lebensfreude gewinnen.

ÜBUNGEN K

1. Unter welchen Umständen bildet sich die Jupiter/Uranus-Persönlichkeit am besten weiter?

2. Wie kann sie Reisen am besten genießen?

3. Worin sieht sie ihren Lebenssinn bei folgenden Konstellationen:
a. Jupiter im Wassermann im 5. Haus?
b. Jupiter in Konjunktion zu Saturn im 11. Haus?
c. Jupiter im Wassermann im Quadrat zum Mond im Skorpion?

12. JUPITER - NEPTUN

Tierkreiszeichen Schütze im 12. Haus / Tierkreiszeichen
Fische im 9. Haus
Jupiter in den Fischen (Neptun im Schützen)
Jupiter im 12. Haus (Neptun im 9. Haus)
Aspekte zwischen Jupiter und Neptun

Essenz

Weiterentwicklung und Erfüllung durch Erfassen und
Verwirklichen der Träume und Sehnsüchte, des Anderss-
eins.

Grundspannung

Geistige Erweiterung, Bildung --- Auflösung in einer
größeren Einheit, Intuition, Phantasie, Anderssein
Geist --- Gefühl

Lösung

Einsatz von Bewusstsein, Bildung und positiver Lebenshaltung, um in Kontakt mit seiner andersartigen Seite,
seiner Intuition, seinem weiten Meer des Unbewussten,
der Träume und Sehnsüchte zu gelangen.
Nutzung der Phantasie, Intuition, seiner Andersartigkeit,
um sein Bewusstsein zu erweitern und sich weiterzuentwickeln.

Selbstbild

Ich bin in Verbindung mit meiner Traumwelt und meiner Phantasie, daher entwickle ich mich weiter und fühle mich erfüllt und zufrieden.

1. Gebiet der Erweiterung

Weichheit und Sensibilität

Die Jupiter/Neptun-Persönlichkeit erweitert am besten ihre Sensibilität und ihren Kontakt mit der Welt der Nichtmaterie, des Nichtgreifbaren, der zarten Schneeflocken, die in dem Moment vergehen, in dem man sie fassen und festhalten möchte. Auch ihre Fähigkeit, aufzulösen, seien es nun ihre Grenzen, zu fest gewordene Strukturen oder ein Zuviel an Vernunft und Zweckorientierung zählen hierzu.

Außerdem ist sie in der Lage, ihre reiche Phantasie und den tiefen Bezug zu ihrer inneren Stimme zu erweitern und Formen für ihre alternative, unangepasste Seite zu finden. Ein anderer Bereich, den sie verstärken könnte, liegt in dem Eigenraum, den sie sich für Ruhe und Alleinsein herausnimmt.

2. Art und Inhalt der Bildung

Alternativ und helfend

Als Jupiter/Neptun-Persönlichkeit wünscht man sich von aller konventionellen Bildung erlöst und möchte sich nur mit dem Studium neptunischer Themen befassen, also Soziales, Künstlerisches, Alternatives oder der Heilsektor.

Auch der Themenkreis der (insbesondere christlichen) Religion, der Möglichkeit, den Anschluss an das Ganze wieder wahrzunehmen, der Mystik und Meditation stellt einen wichtigen Sektor der Weiterbildung dar.

Regeln und Anregungen der Vernunft sollten am besten übergangen werden, um statt dessen den Eingebungen der Intuition zu folgen, die ganz klare Botschaften senden wird, welches Gebiet in welcher Weise am besten für die persönliche Aus- und Fortbildung förderlich ist.

Es ist wesentlich, sich während ihrer Bildungsmaßnahmen im eigenen (Nicht)Rhythmus zu bewegen und sich keinerlei festen Zeiten und oder einem vorgeschriebenen Pensum zu unterwerfen.

3. Reisen

Phantasiereisen / das Meer

Die Jupiter/Neptun-Persönlichkeit braucht nicht unbedingt real, in ihrer menschlich-fleischlichen Gestalt unterwegs zu sein. Sie kann sich genauso zurücklehnen und in ihrer endlosen Phantasie die gesamte Welt besuchen, besichtigen und erfühlen.

Macht sie sich dann doch tatsächlich auf den Weg, über ihre Tagträume hinaus, gilt der erste Anlaufpunkt jeder Art von Wasser, am besten das Meer, weich, warm, grünblau glänzend, das seine sanften Wellen mit einem feinen, hellen Sandstrand zerfließen lässt. Entweder sie reist mit Menschen, gegenüber denen sie sich nicht abzugrenzen braucht, sondern durch eine wortlose Verschmelzung verbunden ist, oder sie erlebt alleine und mit sehr viel Ruhe in einer sensiblen Umgebung ihre Zeit in fernen Ländern.

Wege des sanften Tourismus liegen ihr mehr als laut lärmende Massenansammlungen von Bauten und Menschen.

4. Lebensphilosophie und Religion

Leben heißt Auflösung und Endlosigkeit

Der Sinn des Lebens liegt für die Jupiter/Neptun-Persönlichkeit im Fließen, im Wandeln der Form, in der Auflösung von Festigkeit und Starrheit, von allem, was sie in ihrem Fluss unterbinden und bremsen möchte. Sie will ihre unangepasste Seite an die Oberfläche befördern, will Selbstlosigkeit üben oder heilen und sich nicht vor den Karren der Gewöhnlichkeit und Vernunft spannen lassen.

Ihre Lebensphilosophie heißt, den Alltag hinter sich zu lassen und sich in anderen Welten zu bewegen, jedoch auch Wege zu finden, diese zur Realität werden zu lassen und zu manifestieren, d.h. zur Existenz von Andersartigkeit im Ganzen ihren Beitrag zu leisten.

Ihre Hingabe an religiöse Phänomene ist sehr groß und es besteht eine enge Verbindung zum Christentum genauso wie zu alternativen Religionsbewegungen jeder Couleur.

Ihr Gott ist von endloser Liebe, von Mitgefühl und Gnade für alle Wesen dieser Welt gekennzeichnet.

5. Erfüllung und Überzeugungskraft

Nichtanpassung und Sensibilität

Die Jupiter/Neptun-Persönlichkeit erfährt ihre höchste Erfüllung in der Auflösung und Verschmelzung, im Aufgehen mit einer anderen Person, einer Musik, einer Stimmung, einem Duft, für was sie sich auch entschieden haben mag.

Sie ist glücklich, wenn sie ihrer inneren Stimme folgen und ihre hohe Sensibilität zeigen und leben kann. Dazu braucht sie viel Zeit, Ruhe und Raum für sich, in dem sie dann außerdem ihrer reichen Phantasie in den verschiedensten Formen freien Lauf lassen kann. Weiterhin verschafft es ihr Zufriedenheit, wenn sie sich nicht in feste Bahnen einordnen lassen muss, sondern ihrer unangepassten, unvernünftigen Seite ohne Einschränkung freien Lauf lassen kann.

Ihre Überzeugungskraft liegt daher in der Abweichung von der Üblichkeit, ihrer Ungewöhnlichkeit, Empfindsamkeit, in all den wertvollen Qualitäten, die von den meisten Menschen angstvoll versteckt werden, da sie nicht lautstark von der Masse dafür Applaus erhalten.

6. Lieblingsprojektionen

Verträumte Geistigkeit; vollkommen von der Erde abgehoben; Ängstlichkeit und Unsicherheit bzgl. Bildung und Reisen.

Auf der körperlichen Ebene als Zeichen der passiven Manifestation:
Auflösungen, Erweichungen, undefinierbare Erkrankungen im Bereich von Leber, Hüfte, Oberschenkel. Erkran-

kungen des Fußes oder Suchtverhalten aufgrund von Defiziten bzgl. Sinnfrage und Erfüllung.

Konkrete Förderungen der Jupiter/Neptun-Persönlichkeit

- Ihre Weiterentwicklung in der Förderung der Nichtanpassung, des Auflösungsvermögens und der Sensibilität betreiben

- Vernunft und Zweckorientierung meiden, um Erfüllung zu erfahren

- Sich vor konventioneller Bildung hüten

- Stattdessen in neptunischen Bereichen eine Aus- und Weiterbildung anstreben

- Studieren ohne feste Regeln und Strukturen, im eigenen (Nicht)Rhythmus

- Phantasiereisen

- Reisen, in denen Meer, Sanftheit, Weichheit, Verschmelzung mit der Umgebung oder einer Person im Vordergrund stehen

- Ruhe und Alleinsein auf Reisen möglich machen

- Ihren Lebenssinn im Fließen, in der Selbstlosigkeit, in der Hingabe und Sensibilität, in der Andersartigkeit und deren Umsetzung finden

- Erfolg und Glück in der Nichtanpassung, in Ruhe

und Alleinsein, in der Verwirklichung ihrer Träume und Sehnsüchte suchen

- Durch Ungewöhnlichkeit und die Fähigkeit, sich nicht einordnen zu lassen, überzeugen.

ÜBUNGEN L

1. Welche Bildungsthemen entsprechen der Jupiter/Neptun-Persönlichkeit?

2. Was benötigt sie dringend bei ihren Reiseunternehmungen?

3. Worin betrachtet sie ihr Glück:
a. Jupiter in den Fischen im 9. Haus?
b. Jupiter in Konjunktion zum Mond in den Fischen im 7. Haus?

3. HEIMKEHR IN DIE ESSENZ DER AHNEN

Energieöffnungsübung

Wählen Sie eine wesentliche Jupiter-Konstellation heraus, die in Ihrem Horoskop und dem Ihres Vaters oder Ihrer Mutter vorkommt und die eine wichtige Rolle in Ihrem Leben spielt. Wenn Sie wollen, können Sie auch die Horoskope der Vorfahren Ihrer Eltern ausfindig machen und nachsehen, wo diese Energie innerhalb der Ahnenreihe noch fließt und von wem das ausgewählte Elternteil ihrerseits ihre Energie erhält:

Wählen Sie sich einen Ort und einen Zeitraum aus, an dem Sie sicher ungestört sind. Stellen Sie sich bequem hin und stellen Sie sich die ausgewählte Jupiterkraft als Energiekugel in sich und dem gewählten Elternteil, das hinter Ihnen steht, vor und wie ein Energieband diese beiden Kugeln verbindet. Sie spüren, wie Sie von diesem Band schon immer mit dieser Art der Jupiterkraft versorgt und genährt werden und auch auf immer versorgt sein werden.

Spüren Sie den ständigen Strom der Jupiter-Energie, wie er von Ihrem Vater bzw. Ihrer Mutter in Ihre Energiekugel einfließt. (wenn Sie wollen, können Sie sich auch die verkörperte Jupiterkraft aus früheren Generationen vorstellen, die in einer Linie hinter dem Elternteil stehen, und von denen die Kraft zu Ihrem Vater/Ihrer Mutter fließt und diese wiederum versorgen, unabhängig davon, ob diese vorhergehenden Ahnen noch leben oder nicht).

Bleiben Sie in aller Offenheit und Aufnahmebereitschaft, in dem Gefühl der Verbindung und Verbundenheit und des Versorgtseins.

Wenn Sie möchten, können Sie sagen: Dir/Euch zu Ehren mache ich etwas aus dieser Energie, auf meine Weise. Und gehen Sie in Gedanken mit diesem Gefühl ein paar Schritte nach vorne, versorgt und doch völlig eigenständig in Ihrer eigenen Umsetzung dieser Jupiter-Kraft.

Wenn die jeweilige Energie von Ihnen bei dem Elternteil oder einem anderen Vorfahr als sehr negativ erlebt wird, können Sie sich auch umdrehen und sagen: „Ich gebe Dir die Ehre (dabei verbeugen Sie sich). Ich achte die Form, wie Du die ....-Energie lebst, und lasse sie bei Dir, in Liebe und Respekt. Ich lebe sie in meiner Weise. Bitte schaue freundlich auf mich und gib mir Deinen Segen." Drehen Sie sich wieder um mit dem Blick nach vorne. Gehen Sie mit der Vorstellung, Ihren eigenen Weg zu gehen, mehrere Schritte nach vorne.

Machen Sie sich ein Bild davon, wie diese eigene Form aussehen soll.

Bedenken Sie, dass diese Übung eine tiefe Wirkung auf Sie ausüben kann und geben Sie sich deshalb genügend Zeit, bis Sie sie mit dem anderen Elternteil oder einer weiteren Jupiterkraft wiederholen.

4. WEITERES ZUSATZWISSEN

ASTRO*CARTO*GRAPHY

Die Astro*Carto*Graphy basiert auf dem Wissen, dass das Horoskop je nach Geburtsort aufgrund der Drehung der Erde in seinen Achsen und Häusern variiert. Wären wir zur gleichen Zeit am selben Tag aber an einem völlig anderen Ort geboren, so wären auch die Planeten in Bezug auf die Achsen/Häuser anders angeordnet.

Pluto stünde dann beispielsweise nicht mehr im 9. Haus, sondern direkt am MC, oder die Venus würde sich an einem bestimmten anderen Ort genau am Deszendenten befinden, wenn wir dort auf die Welt gekommen wären, anstatt wie jetzt z.B. im 5. Haus.

Die Astro*Carto*Graphy bezieht sich dabei auf die Hauptenergiepunkte, die Achsen. Sie zeigt für die gesamte Erde mit Hilfe durchgezogener Linien auf, in welchen Regionen welche Planeten an einer der vier Achsen bei der Geburt gestanden hätten.

Sie geht davon aus, dass der Aufenthalt an diesen Orten, die jeweiligen Energien in besonderer Weise aktivieren.

Steht an einem Platz auf der Erde z.B. der Jupiter am MC, so könnte man dort ohne große Anstrengung beruflich gefördert werden und Glück und Erfolg erfahren. Befindet sich jedoch Saturn an dieser Position, in einer anderen Zone auf der Erde, so wird man wesentlich mehr Aufwand, Geduld, Einsatz und Leistung an den Tag legen müssen, um zu demselben Ergebnis nach sehr viel längerer Zeit zu gelangen.

Es ist die Frage, wann dieser energetische Einfluss sich bemerkbar machen wird. Ich persönlich habe nicht extrem viel Erfahrung mit diesem System, bin jedoch bisher zu dem Schluss gekommen, dass ich den angesagten Einfluss schon nach kürzester Zeit energetisch fühle. Ich habe dies nachvollzogen an Orten, an denen ich war, als ich noch nicht meine Astro-Karte gekannt habe, also vorher gar nichts von diesem Einfluss habe wissen können. Gemäß den Erfahrungen, die ich selbst sammeln konnte, und denen von anderen mir bekannten Personen kann ich das System bestätigen.

Es sollte jeder die Möglichkeit ergreifen, damit zu experimentieren und für sich herauszufinden, inwieweit es für ihn von Bedeutung ist und er es in seinem Leben und in der Beratung der Klienten einsetzen möchte. In vielen Astro-Programmen ist die Berechnung der Astro*Carto*Graphy mit enthalten.

DIE THEORIE DER WEITERENTWICKLUNG

Voraussetzungen

Grundlage und Basis für eine Weiterentwicklung ist das Vorkommen eines oder das Zusammenspiel mehrerer folgender Faktoren:

1. Leidensdruck

aufgrund der Enge und Einschränkung einer falschen Lebensart und -führung, des Befindens der inneren Wesen in einer unpassenden Form.

2. Reifegrad

der für eine Erweiterung der bisherigen Lebensweise notwendig ist und der das gesamte menschliche System durchdrungen haben muss, also nicht nur den Intellekt, sondern auch das Bewusstsein, die Verbindung zur Seele, die Gefühlswelt.

3. Lebenserfahrung

d.h. das Wissen, dass das Leben nicht still steht, sondern sich in ständiger Bewegung, in dauerndem Wandel befindet.
Das Wissen um den Kreis vom Anfang über die Blütezeit bis zum sicheren Ende, als Ausgangspunkt für einen Neuanfang.

4. Freiheitsdrang

d.h. eine innere Unruhe, ein Drang, sich aus dem zu eng gewordenen Leben zu befreien, um Raum zu schaffen für eine freiere, passendere und selbst gestaltete Ordnung.

5. Mut und Risikobereitschaft

zur Veränderung, zur Erweiterung durch mehr Einsicht nach und im oben (Geist) wie auch mehr Tiefblick ins Unbewusste.

6. Praktische Selbsterkenntnis

d.h. der Wunsch, den echten inneren Plan kennen zu lernen und ihm kompromisslos zu folgen, seine Anlagen in ihrer Urform zu erfassen bzw. in ihrer verzerrten Form zu entschlüsseln und zu ändern.

7. Meditation

Regelmäßige Meditation, um sich ständig von Überholtem, von der Bindung an die Vergangenheit und fixe Vorstellungen zu lösen, zu reinigen und zu läutern, um neu anfangen zu können.

8. Planungsvermögen und Handlungsfähigkeit

für die Verwirklichung des Erkannten.

Das Ziel

Der Mensch tendiert dazu, seine Ziele im Leben und damit auch bei der Weiterentwicklung in der Außenwelt und der Gemeinschaft zu suchen, der er sich zugeordnet fühlt, d.h. er strebt nach den gemeinsamen Zielen seiner Norm (traditionell, konventionell, alternativ, politisch, religiös, spirituell o.a.). Es gehört zu seinem Weg der Einpassung in diese Gemeinschaft, sich diesen allgemeinen Zielrichtungen zu unterstellen und sie als seine Befriedigung und sein höchstes Glück zu betrachten.

Da jede Gemeinschaftsform jedoch nur eine bestimmte Sektion an Lebensbereichen als Zielrichtung anvisiert (z.B. Geld, göttliche Gnade, grüne Politik, Erleuchtung), fehlt auch dem Mitglied dieser speziellen Gesellschaftsform ein breites Spektrum an Eigenschaften, Fähigkeiten und Lebensinhalten, die es gar nicht erst in Angriff nimmt, da sie nicht gefragt sind und nicht ankommen in seiner Art der Lebensgruppe.

Daher bedarf es als schwierigste, aber grundlegendste Basis für eine echte, vollständige Entwicklung aller Persönlichkeitsanteile des zeitweisen Rückzugs aus seiner gewohnten Gesellschaft, d.h. der Suche nach der weit reichenden, inneren Gemeinschaft und Eigenheiten, die darauf warten, vollkommen und selbständig verwirklicht zu werden. Es bedarf der Anpassung der geführten Lebensart an die innere Matrix.

Da die Entwurzelung aus der gewohnten Gemeinschaft sehr viel Kraft verlangt, ist es ratsam, schon zuvor an der Ergründung der innewohnenden Helfer, Kräfte, Begabungen und Talente zu arbeiten, also seine Grundlage an inneren Gütern zu erfassen und sich klare Richtlinien und Pläne zu machen, nach denen ein Ausstieg aus dem gewohnten Denken, Fühlen und Handeln in eine tiefere, echtere Ebene seines Seins realistisch und machbar erscheint.

Es ist einfacher, nach einer gewissen Phase der Desorientierung, in der man merkt, dass das Alte nicht mehr funktioniert, sich eine neue Vision zu schaffen und sie als Ziel vor Augen zu führen, als blindlings zu springen, ohne zu wissen, wohin es in der neuen Welt gehen soll. (Schneiden die Fesseln der Enge jedoch zu stark ein, ohne dass eine neue Variante seiner Daseinsform in Sicht ist, bleibt nur der Sprung ins Ungewisse.)

Die Planung für eine Weiterentwicklung hat als neues Bezugssystem nicht mehr eine Reihe von gemeinsamen Zielen, sondern die aktive Verwirklichung seiner Einzigartigkeit (vertiefte Selbsterkenntnis durch Selbsterforschung und Selbstanalyse und regelmäßige Meditation; Entschlüsselung der Außenumstände als Spiegel; Bekenntnis zu seinem neuen Selbstimage; Planung und Realisierung der neu entdeckten inneren Werte bzw. von deren neuen Gestalt).

Die Richtung, das Bild der Weiterentwicklung

Weiterentwicklungsmöglichkeiten sind unendlich.
Es beginnt mit der Erforschung der Grundpersönlichkeit. Hier fallen die größten Außenschalen, wenn wir lernen, die grobe eigene Richtung einzuschlagen.
Danach folgt eine zunehmend feinere Detailarbeit an den einzelnen erfassten inneren Anlagen.

Es findet ein Schälprozess statt, der eine immer größere Annäherung an den Kern, an die Ursubstanz zulässt. Es gibt auf diesem Weg die verschiedensten Arten der Entfaltung unserer Anlagen, die immer weiter gewandelt, intensiviert, individualisiert, der Matrix angenähert und mit mehr Bewusstheit und Einsicht gelebt werden.

Mit jedem Schritt steigt unsere Lebensqualität erheblich an (durch mehr Intensität ins "Gute", aber auch "Schlechte") und wir fühlen uns reicher und satter. Doch auch diese Blüte kommt zum Erliegen und wir sehen uns gezwungen, den nächsten Schritt weiter nach innen zu gehen und mit Hilfe der dabei erzielten Ergebnisse eine noch bessere, stimmigere Form für unsere Seeleninhalte zu finden und zu kreieren.

Folge dieses Annäherungsprozesses stellt eine zunehmende Kongruenz, ein Zusammenfinden zwischen innerem Plan und Lebensart dar, eine konkrete Förderung des Wachstums der inneren Wesensanteile. Jede innere Wandlung gepaart mit der erforderlichen Kraft zur Handlung und Realisierung (der neuen Pläne) wird sich durch ein verbessertes inneres Wohlbefinden und förderlichere äußere Begegnungen und Situationen niederschlagen.

Bandbreite statt Stufen

Das gewohnte Bild einer Weiterentwicklung ist das der Stufenleiter, der Karriere nach oben, wobei das Ziel je nach Gemeinschaft sehr verschiedenartige Gesichter annehmen kann. Das Prinzip jedoch bleibt dasselbe. Es soll ein anvisiertes Ziel die vorherigen Stufen eliminieren, so dass man sich nur noch auf einer linearen Stufe ohne Urgrund befindet.

Dies sei am Beispiel des spirituellen Entwicklungsprozesses näher erläutert:

1. Stufe: Unbewusstsein, Kind

2. Stufe: Leben in der vorgegebenen Konvention

3. Stufe: Ausbruchsphase

4. Stufe: Erfassen der Notwendigkeit, sein wahres Ich zu kennen, das jedoch gleichzeitig in Selbstlosigkeit und Meditativität transformiert werden soll.

5. Stufe: Leben in meditativem, freundlichem Zustand. Die Transformation der niedrigen Triebe und des Ego hat stattgefunden.

6. Stufe: Auflösung im Ganzen

7. Stufe: Erleuchtung

Stellt man sich diese sieben Stufen auf einer Leiter vor, so würde beispielsweise Stufe 5 bedeuten, dass der Mensch auf einer Höhe steht, die keine Ursubstanz mehr hat. Der Mensch auf Stufe 5 hat seine körperlichen Gelüste, den Drang nach anderen Genüssen, sein gesamtes Ego hinter sich gelassen und steht nun im luftleeren Raum. Die Verbindung zu seinem Ursprung hat er durch die alleingültige Geistigkeit aufgehoben, was oft an der Blutleere und Energielosigkeit, am Mangel an sprudelndem Lebenssaft zu erkennen ist.

Einher mit der Geistigkeit geht die unterschwellige Angst, zu fallen, wegen einer Unachtsamkeit oder mangelnden Anstrengung Stufen wieder nach unten zu müssen. Diese Angst macht den Stand auf Höhe 5 sehr schwierig und lässt ihn zu einem energieaufwendigen Drahtseilakt werden. Der Stufe 5 - Mensch schwebt immer in der Gefahr, in die geduldig wartenden, gähnenden Abgründe seiner Triebe, der sogenannten negativen Eigenschaften (Hass, Neid, Eifersucht, Rachegefühle, Wut, Sadismus) abzusinken, was tunlichst vermieden werden soll. Er lebt in der Furcht vor dem Fall in das abgetrennte

Innenleben und erstarrt dabei zunehmend.

Ein wesentlich weiter führenderes, befreiendes Bild einer Weiterentwicklung stellt das Kippen dieser Erfolgsleiter dar in eine Bandbreite, in der alle Formen und Farben des Lebens vorkommen, leben und sich zeigen können, in der der Eigner dieser Bandbreite nach Herzenslust zwischen "niedrigem Trieb" und meditativer Inspiration, zwischen normalem Auftreten und verrückter Einzigartigkeit springen kann und lernen wird, wie sehr sich diese vorher so unvereinbar scheinenden Pole befruchten und beleben können, wie sehr sie in Wirklichkeit, ganzheitlich und mit Abstand betrachtet, zusammengehören und daher in Einzelfaktoren aufgespalten gar nicht existenzfähig sind.

Es sind alle Lebensgemächer möglich: instinkthaft, naiv, kindlich, gewöhnlich, außerordentlich, konventionell, verrückt, ängstlich, selbstbewusst, unterdrückt, autoritär, sanft, gewaltsam, machtvoll, hilflos, König, Diener, freiheitlich, eingeschränkt, visionär, distanziert, emotional, vernünftig, alternativ, rücksichtslos, nach Harmonie strebend, sicherheitsorientiert oder auf der Suche nach der Wahrheit um jeden Preis u.v.m..

Auf diese Weise hat der Mensch die höchstmögliche Freiheit erreicht. Nichts braucht aus seinem Leben mehr ausgeschlossen zu werden. Er hat die Möglichkeit zu absoluter Vielfältigkeit und damit Sattheit erlangt. Dies muss so sein, da auch in der Natur, in die wir eingebettet sind, alle Arten von Eigenschaften vorhanden und damit in absoluter Gleichwertigkeit existenzberechtigt sind. Warum sollen für den Menschen andere Regeln gelten? Wer sind wir, Teile unserer selbst aburteilen und abschneiden zu wollen?

Dennoch gibt es eine irreversible Wandlung, wie es die Häutung von Schlangen und Riesenspinnen zeigt.
Diese lässt sich bei dem Modell der Bandbreite folgendermaßen erklären:

1. Es gibt eine stete Häutung nach rechts und nach links, da die Bandbreite an menschlichen Fähigkeiten und Eigenschaften unendlich ist.

2. Es existiert des Weiteren eine Häutung nach oben und unten: nach oben durch mehr Erkenntnis und Einsicht, nach unten durch mehr Erforschung des Unbewussten, das hier nicht in kollektives und persönliches unterteilt werden soll. Durch mehr geistige Einsicht im Leben (Selbsterkenntnis) kommt es zu mehr Wissen um das Unbewusste, so wie es durch das immer tiefere Vordringen in das Unbewusste zu mehr Einsicht kommen kann.

Auch wenn ein "Rückfall" in vorherige, immer noch vorhandene Erkenntnis- oder Bewusstseinszustände stattfinden kann (auch hier sind Sprünge jederzeit möglich), hat man dennoch Außenpunkte in beide Richtungen kennengelernt, quasi im Geist und in der Tiefe Blut geleckt und wird immer wieder in Richtung dieser Eckpunkte zielen und sie in neue Höhen und Tiefen durchbrechen. Ein solcher Durchbruch ist irreversibel. Er kann vielleicht vorübergehend verdrängt, aber nicht mehr aus dem Leben verbannt werden.
So gesehen hat der Mensch ständige Möglichkeiten, sich innerhalb seiner Persönlichkeitsstruktur in vier Richtungen weiterzuentwickeln, seinen Innen- und Außenraum zu sprengen und so in neue Dimensionen vorzudringen (räumliche Weiterentwicklung), ohne sich auf gemeinsame Allgemeinziele und eine rein lineare Entwicklung mit Abgrenzung der "unteren Seiten" oder anderer Wesensan-

teile beschränken zu müssen.

Er hat sein eigenes Ziel, seine persönliche Aufgabe innerhalb seiner Individualität erfasst und setzt diese so facettenreich und ohne fremde Regeln, sondern in der selbst errichteten Ordnung und Planung um und durch. (Wohl wissend, dass wir nicht alleine auf der Welt sind und dieser Lebensstil keine schädlichen Folgen für das Umfeld haben sollte. Dies wird aber ohnehin immer unwahrscheinlicher, da dunkle Seiten bewusst durch Kunst etc. integriert sind und dadurch nicht mehr explosiv und unkontrollierbar aus dem Unbewussten agieren und damit sehr destruktiv für sich selbst und andere werden können.)

Der Mensch kann nun lernen, die Bandbreite durch eine Erweiterung seiner Wahrnehmungsfähigkeit ständig zu vergrößern, d.h. nicht nur die jetzige Form zu erkennen, sondern auch die vergangenen sowie weitere mögliche, zukünftige Verwirklichungsarten in den verschiedenen Lebensbereichen zu sehen, was seine Handlungsfähigkeit ständig vergrößert und ihn zwischen noch mehr Stationen und Figuren, die er besetzen, auf die er springen, die er leben kann, wählen lässt:

Gesamtheit: bestehend aus den vergangenen Formen-$X1$, $-X2$ usw., der jetzigen Form $X1$ und weiteren zukünftigen Formen $X2$, $X3$....

Mit ausreichendem Abstand betrachtet wird er erkennen, dass er die Gesamtheit X und nicht nur der jetzige Zustand $X1$ ist, dass er eine reiche Gesamtheit darstellt, die stetig wandelbar und entwicklungsfähig war, ist und sein wird.

Gleichzeitig kann er durch die Betrachtung der Einzelgeschehnisse in der bisher bewussten Gesamtheit X den roten Faden seinem Wesen herauskristallisieren, der sich immer wieder wiederholt, und so seine Essenz herausfühlen.

Die Chaos-Ordnung-Chaos-Theorie

Die Weiterentwicklung, die Wandlung des Menschen verläuft in geregelten Formen. Sie beginnt stets aus den Wellen des Meeres (Neptun) oder mit strukturlosem Chaos (Uranus), aus dem eine für den jeweiligen Entwicklungsstand adäquate Form herauskristalliert werden muss (Saturn). Diese Form wird wie eine Pflanze von dem Durchbruch durch die Erde über die schönste Blüte bis hin zum Zerfall, zur Verwesung (Pluto) am Leben teilhaben.

Nach dem Tod, dem Ende dieser Art der Form herrscht erneut der Zustand der Orientierungslosigkeit und des Chaos vor, aus dem die nächste Ordnung, also Struktur geboren werden wird. Ausgangsmaterial dafür ist stets die Grundveranlagung (inneres Erbgut), das auf immer neue, selbstbestimmtere, verantwortungsbewusste Art und Weise sein Gesicht zeigen und unser Leben gestalten wird. Es ist wesentlich zu sehen, dass eine neue Form immer den vollkommenen Abschied vom Alten voraussetzt.

Ein ähnlicher Bezug besteht zwischen den eigentlichen Erzfeinden Uranus und Pluto. Erst wenn man vollkommen mit einer Sache verbunden war, kann man sich auch wieder daraus lösen. Diese Lösung wird von alleine geschehen und muss nicht angestrengt werden, wenn die Verbindung total und echt war. Ebenso kann man sich erst wieder mit einer neuen Sache/einem neuen Menschen verbinden, wenn man sich aus der vorherigen wirklich gelöst hat. Beispiel im Alltag: Wenn ich etwas (eine Form von Umsetzung, eine Eigenschaft etc.) loswerden will (Uranus), muss ich sie zuerst werden (sie total sein = Pluto). Die Lösung und Transformation wird dann von alleine passieren.

Das "Ball-Beispiel"

Der Mensch kann nur so viel in die Höhen schweifen, wie
er zuvor in den Tiefen gegründelt hat. Der Abstand, nach
unten gemessen, in die Tiefe, in die er vorgedrungen ist,
entspricht exakt der Höhe, in die er bewusstseinsmäßig,
"jupitermäßig" gelangen kann.

Dabei wird es immer einen Punkt der Umkehr, den so
genannten Dualitätspunkt geben. Das bedeutet, auch wenn
er am liebsten nur in die Tiefe vorstoßen, in seinem Dunkel wühlen und entdecken möchte, wird es das Dualitäts-
gesetz des Lebens verlangen, dass er, ob er möchte oder
nicht, wieder nach oben katapultiert wird. Dasselbe geschieht umgekehrt: will er stets nur in den Höhen wandeln
und sich am Lichte des Lebens erquicken, wird er auch
hier den Dualitätspunkt erreichen und unweigerlich ganz
tief unten landen.

Betrachtet man als Schnittstelle zwischen oben und unten die Wasseroberfläche zwischen Meer und
Luft/Himmel, so kann man sich einen Ball vorstellen, der
lange Zeit auf dieser Oberfläche dahintreibt, im üblichen
Fluss des Lebens. Eines Tags wird er - meist durch Leidensdruck - dazu gezwungen, unter die Wasseroberfläche
zu tauchen und sich da unten umzusehen. Durch diesen
Druck unter Wasser lädt er Energie auf, die ihn - je nach
Dauer und Tiefe seines Unterwasseraufenthaltes - auch
wieder bei Erreichung des Dualitätspunktes nach oben
schießt. Er springt aus dem Wasser heraus und in die Höhe (in das Glück, den Erfolg, die Zufriedenheit), um dann
wieder auf der Wasseroberfläche zu landen und solange
zu treiben, bis ihn die Dynamik und Wandlungskraft des
Lebens wieder nach unten "schickt".

Andere, bisher nur auf der Oberfläche des Wassers ge-
triebene Bälle beobachten seinen Flug aus den Tiefen des
Wassers und wollen auch an dem Glück in den Höhen

teilhaben. Also versuchen Einige aus dem Stand heraus, ab Kante Wasseroberfläche diesen Sprung nach oben. Ein Unterfangen, das zum Scheitern verurteilt ist. Methoden dieser Form sind viele in der pseudo-esoterischen Szene zu finden.

Religion - eine Anregung

Rückverbindung nach oben

Das Wort Religion stammt aus dem Lateinischen und heißt Rückverbindung. Die Tatsache, dass es Religionen seit Jahr und Tag in allen Kulturen gibt, macht das Bedürfnis und die Notwendigkeit dieser Rückverbindung deutlich. Der Mensch fühlt sich demnach durch die Geburt aus einem Geborgenheitszustand herausgeschleudert, fühlt sich beraubt einer Verbindung, die er tief innen kennt und mit Hilfe der Religion wieder für sich zurückgewinnen möchte.

Es ist die Suche nach Geborgenheit in einer überpersönlichen Einheit, nach einer Heimat, in die man sich mit Vertrauen fallenlassen kann, einer ordnenden Hand, die das Leben regelt, einem überirdischen Vater, auf den immer Verlass, einer göttlichen Mutter, die unendlich Wärme, Nahrung und Geborgenheit schenkt.

Diese Bedürfnisse zeigen, dass eine Entwurzelung stattgefunden haben muss bzw. dass Kontakt und Verbundenheit mit dem innersten Kern des Menschen noch nicht hergestellt sind. Es fehlen innere Sicherheit, ein auf Selbsterkenntnis und Selbstentfaltung basierendes reales Selbstbewusstsein sowie als Halt und Stütze das eigene Rückgrat. Daher findet die Suche nach einer sicheren Einbindung statt, nach einer höheren Ordnung, nach einem

Gott, der uns endlich liebt, wenn wir es schon nicht selbst tun.

Letztendlich heißt Religion natürlich auch die Wiederverbindung mit einer über die eigene Persönlichkeit hinausgehende, alles einschließende Einheit. Doch kann dies real nur als Folge der inneren Verbundenheit mit seinem Wesen geschehen und wahrgenommen werden. Daher sollte das Ziel nach innen gerichtet werden, nicht ersatzweise nach außen. Denn ist diese innere Wiederfindung wiederhergestellt, so ist die äußere gleichzeitig mit eingeschlossen (wie innen - so außen).

Wichtig auf diesem Weg ist auch das Annehmen und Würdigen der irdischen Eltern, der gesamten Ahnenreihe, die hinter einem steht und einem ihren Segen gibt für den ureigenen, ganz individuellen Weg.

Die einzelnen Religionsformen

1. Die Außenreligionen

Bei den Außenreligionen (Christentum, Judentum, Islam etc.) wird die Macht über das Leben des Menschen auf eine Gottheit projiziert. Ihr wird zugeschrieben, über das Schicksal des einzelnen zu bestimmen und für die Ereignisse des Lebens zuständig zu sein. Der Gott entscheidet über Wohlbefinden, Gesundheitszustand und Lebenserfolg. Der Mensch selbst kann sich zwar redlich bemühen, doch das letzte Wort, die endgültige Entscheidungsgewalt über das Gelingen liegt in der Hand einer fremden Macht.

Der Vorteil dieser Regelung, dieser Sichtweise des Lebens liegt in der Möglichkeit, die Verantwortung über sein Leben abzugeben und nicht selbst erwachsen werden zu müssen. Man stellt stattdessen eine Verbindung, ein Vertrauensverhältnis zu einem imaginären Gott her, der für einem sorgt und das Zepter in der Hand hält.

Er bzw. seine Sprachrohre (Geistliche) bestimmen, was recht und schlecht ist, so dass dem Anhänger einer solchen Außenreligion weiterhin erspart bleibt, sich eigene Maßstäbe und ein persönliches Wertesystem zu entwickeln, nach dem er sein Leben ausrichtet.

2. Die Außenspiritualität

(Die real existierende Esoterik)

Hier soll der Mensch auf sich zurückgeworfen werden durch Selbsterfahrung und Loslösung von der materiellen Welt. Er lernt viele Methoden, um sich zu erkennen, zu erfühlen und tief wahrzunehmen.

Dennoch können Fehler unterlaufen, die ihn davon abhalten, ein echtes, selbst bestimmtes Leben zu führen, das allein auf seiner Eigenart und deren Verwirklichung im Einklang mit einer höheren Einheit begründet ist. Fehler, die als Übergangsphase zum realen spirituellen Erwachsenwerden häufig passieren, sind:

Der Guru (Festhalten an seinem spirituellen Meister)

Bei dieser Einrichtung hat sich im Vergleich zur Außenreligion das Ziel geändert: Man sucht eine Persönlichkeit (zum Anfassen), die auf dem Weg nach innen, in die innere Wirklichkeit die Richtung weist. Diese Anleitungen sind eine erste Hilfe, um von der reinen Außenorientierung loszukommen. Sie können als Grundschule, als Einführung in das Reich der Innerlichkeit betrachtet werden.

Problematisch wird diese Übergangsphase jedoch, wenn eine Abhängigkeit entsteht, eine zu starke Eingliederung in die neue Gemeinschaftsform, mit ihren gleichen Zielen (Erleuchtung, Egoverlust, positive Ausstrahlung etc.) anstelle der Erkenntnis des eigenen Weges, der ganz persönlichen Ziele, der Fähigkeit, sein Leben auf seinem unverwechselbaren Wesen aufzubauen.

Ursache für diese Entgleisung in eine erneute Einbindung im Außen liegt dabei nicht in der Person oder dem Phänomen des Gurus, sondern der immer noch latent vorhandene Wunsch, in einer auf den Podest gestellten Autorität Richtung und Weg zu finden, der durchschaut und in eine Umkehr zur Suche nach der inneren geistigen Führungskraft gebracht werden sollte, um vollkommene Eigenständigkeit erringen zu können.

Verfrühte Auflösung im Ganzen

Hier wird die Gemeinschaft, in der man seine persönlichen Grenzen, sein Ego auflöst, ins Unermessliche erweitert. Man gibt sich hin an eine unklare, aber sicher geglaubte größere Einheit, die einem trägt, auffängt und hält. Es werden Persönlichkeiten, Konturen aufgelöst, die eigentlich noch gar nicht entstanden und entwickelt worden sind.

Es findet eine Flucht vor der Differenzierung in einen einmaligen Menschen statt, die man rationalisiert zu der Fähigkeit, keine Eigenarten, kein eigenes Ego mehr leben zu wollen, sondern im Ganzen aufgehen zu können. Somit werden jedoch Eigenschaften aufgegeben, die dieser "spirituelle Mensch" oft noch gar nicht kennen und umgesetzt haben kann, denn sonst wüsste er, dass nur sie und ihre Verwirklichung die wahre Kraft und Sinnhaftigkeit im Leben ausmachen und die Voraussetzung darstellen, um in der Gemeinschaft seinen Dienst tun zu können, d.h. als Person anwesend und aktiv zu sein, anstatt ein Selbst auflösen zu wollen, das noch nie stattgefunden hat.

Die Suche nach der Ganzwerdung heißt immer die Suche nach der Ganzheit in sich und der Auflösung darin. Was dann weiter passiert, wird sich zeigen, sollte gar nicht anvisiert werden. Es geschieht in natürlicher Folgerichtigkeit.

Pseudo-Transformation

Bei dieser Variante wird erneut, wie bei den Außenreligionen, eine Aufteilung in gut und schlecht vorgenommen. Das Streben zum Licht und positiver Ausstrahlung sei die gute Seite, während die als negativ titulierten Lebensanteile, die es in dieses Licht zu transformieren gilt, die schlechte Seit abgeben.

Der Mensch wird - wie so oft - aufgespalten in Licht und Schatten. Er darf schon wieder, wohl aus Gewohnheit, nicht seine volle Bandbreite ausschöpfen und erwecken, sondern muss aussortieren und in höhere Formen umwandeln. Dabei sei nichts gegen das menschliche Bedürfnis nach ständiger Weiterentwicklung gesagt, sondern gegen das Abwenden von dem instinkthaften Urgrund durch ein Versteifen auf die reine Geistigkeit.

Die Transformation von den niedrigen Trieben und Eigenschaften, die Abkehr von dieser angeblich unspirituellen Seite des Lebens heißt das Durchschneiden der Wurzeln, das Stilllegen des ursprünglichen Lebenssaftes. Durch das emsige Klettern in höhere Schwingungsebenen, höhere Stufen im ehrgeizigen Streben nach einer großen Spiritualitätskarriere, wird aus dem Verwachsensein, der ehemaligen Vereinigung mit dem menschlichen Urgrund eine losgelöste Geistigkeit, die abgetrennt ist und langsam vertrocknet.

Der Mensch ist erneut zweigeteilt mit all den damit verbundenen Ängsten vor seiner entfernten Dunkelheit bzw. den Projektionsflächen, die er sich im Außen dafür gesucht hat.

Der alleinige Drang ins Licht, in die geistige Erkenntnis beschert nur ein halbes Leben. Daher sollte der Mensch trotz allen Bedürfnisses nach geistiger Erweiterung nicht seine Wurzeln vergessen. Es erscheint auch wenig förderlich, sie durch Umformung zum Verschwinden bringen zu wollen. Es ist für beides Platz, Energie und Lebensrecht vorhanden, für oben und unten. Ist dies vollkommen akzeptiert, wird völlig zwanglos ein Loslassen seiner Negativität passieren, weil man ihrer müde ist, nicht weil man sie verdrängt hat und nicht mag. Es wird die Möglichkeit eröffnet, frei zu entscheiden, welchen Kräften und Energien man Raum in seinem Wesen und Leben gewähren möchte, nachdem man sie nun alle in sein Bewusstsein aufgenommen hat. Neptun wird uns später dann ohnehin lehren, dass wir mehr sind als dieses schwarz und weiß, oben und unten, diese Aufteilung in gut und schlecht.

Endziel: Der Kontakt zum inneren geistigen Führer

Neben der wertfreien Rückverbindung mit der inneren Finsternis, bedarf es in gleicher Weise der Rückverbindung mit der höheren Geistigkeit, mit dem jedem Menschen innewohnenden geistigen Führer sowie dem inneren Priester, als Symbol der überpersönlichen Göttlichkeit - als Vergrößerung, als Einheit dessen, was wir alle als göttlichen Anteil in uns tragen und auch in uns fühlen mögen.

Es bedarf letztendlich keiner äußeren Weisheit wie auch keiner äußeren Mittelsmänner, um zum inneren Kern zu gelangen und seine Erkenntnisfähigkeit zu entwickeln. Auch das Thema Göttlichkeit wird in der eigenen Persönlichkeit voll abgedeckt, da jedes Wesen, das sich in der Einheit befindet, Teil dieser Göttlichkeit sein muss.

Die Suche, die Arbeit, die Verantwortung findet wieder einmal innen statt. Der Rest folgt unversehens von alleine.

Der Tropfen Wasser, der jeder von uns ist, muss sich zuerst selbst wahrgenommen, sich erforscht, erkannt und in all seinen Facetten umarmt und liebgewonnen haben, um ganz tief und auf immer erfassen zu können, dass er von jeher im großen, endlosen Meer, das alles Leben auch über den Tod hinaus umfasst, mitfließt und vollkommen in dessen Schoß aufgehoben ist.

5. JUPITER-ANALYSE UND –SYNTHESE VON SIMONE WEIL

Geboren am 03.02.1909, 5.50 Uhr MEZ, Parmain

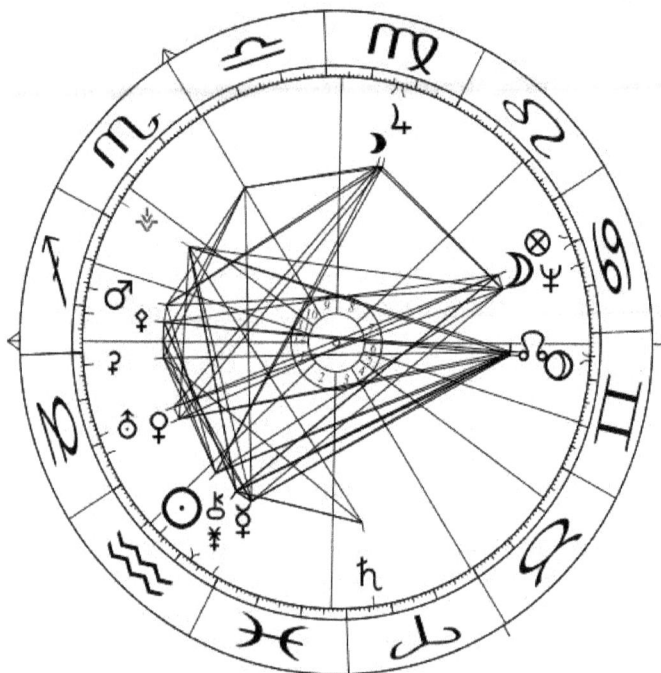

☉	13°44'43	≈	☉																			
☽	19°48'20	≈	☽	☌																		
☿	28°54'08 r	≈	☿	⚹	⚹																	
♀	22°43'56	≈	♀	☌	☌	⚹																
♂	16°00'37	♓	♂			⚹	□	♂														
♃	12°40'19 r	♍	♃	⚹	⚹	☍	⚹		♃													
♄	06°51'41	♈	♄							♄												
♅	18°31'24	♑	♅	⚹	☌	△	△		△	⚹	♅											
♆	14°58'39 r	♋	♆	☍	☍	△	△		☌		☍	♆										
☊	24°00'32 r	♊	☊										☊									
⊕	25°04'53 r	♊	⊕										△	⊕								
⚷	21°32'41	♋	⚷	☍	☍	△	△		☌		☍	☌			⚷							
⚸	22°34'35	≈	⚸	☌	☌	⚹	☌		⚹		△	△	⚹		☍	⚸						
☽	14°13'43	♍	☽				□	□	☌		△	⚹			⚹	☍	☽					
Ac	27°36'18		Ac		⚹			∠	∠		⚹	⚹			⚹	⚹		Ac				
Mc	29°29'47		Mc		△		∠	∠			⚹					☌	⚹		Ac	Mc		
⚵	02°40'31	≈	⚵		⚹			□				∠				⚹	∠				⚵	
⚶	22°43'09	≈	⚶	☌	☌	⚹	☌				△	∠	∠		△	☍				∠		⚶
⚳	21°26'17	♈	⚳	△	△			∠		⚹	☍	△	⚹		⚹	☍	∠			☍	△	☌
⚴	25°55'50	♏	⚴		□	⚹			□	☌	⚹	⚹	⚹		☍	∠	△			□	⚹	☌

H2	10°40'18	≈	H3	26°38'04	♓	H11	22°19'35	♏	H12	10°27'44	♐

114

I. ANALYSE

1. Basis 9. Haus

1. Im 9. Haus steht das TKZ Jungfrau.
2. Kein eingeschlossenes Zeichen.
3. Im 9. Haus stehen keine Planeten.
4. Das Aktionsfeld des Herrschers von 9 Merkur ist im Wassermann im 2. Haus.
5. Aspekte Merkur: Anderthalbquadrat Neptun, Trigon Pluto, Konjunktion Chiron, Sextil AC, Trigon MC, Konjunktion Juno, Sextil Ceres, Quadrat Vesta, Trigon Nordknoten.

2. Basis Schütze

1. Das TKZ Schütze steht im 12. und 1. Haus.
2. Im 12. Haus stehen Schütze-Mars und Schütze-Pallas, im 1. Haus stehen Steinbock-Uranus, Steinbock-Venus und Steinbock-Ceres.
3. Das Aktionsfeld des Herrschers von 12 und 1 Jupiter befindet sich in der Jungfrau im 8. Haus.

3. Weitere Unterstützungen der Jupiterkraft

1. Im TKZ Schütze stehen Mars und Pallas.
2. Mars kommt aus dem Widder in 4.
3. Aspekte des Mars: Sextil Sonne, Quinkunx Mond, Quadrat Jupiter und Lilith, Quinkunx Neptun, Konjunktion Pallas, Halbquadrat MC.
Aspekte Pallas: Quinkunx Mond, Konjunktion Mars, Opposition Pluto und Nordknoten, Sextil Chiron, Sextil Juno.

4. Aspekte des Jupiter

1. Jupiter Quinkunx Sonne, Anderthalbquadrat Venus, Quadrat Mars, Sextil Neptun, Konjunktion Lilith, Halbquadrat MC.

5. Das Personar

6. Status quo und Prognose je nach Zeitraum

II. SYNTHESE

Simone Weil zeichnete sich in ihrer gesamten Lebensweise als Extremistin und totale Frau aus in allem, was sie tat. Sie war Französin jüdischer Herkunft, unterrichtete als Philosophin und begab sich selbst an die Arbeit in Fabriken, z.B. bei Renault, um das Alltagsleben der Arbeiter am eigenen Leib zu erfahren. Im Krieg ging sie in die Resistance und starb, weil sie sich nur so viel Nahrung zusprach, wie ihre Landsleute zuhause zu essen hatten, verbunden mit einer Tuberkulosekrankheit. Sie gab ihr Letztes stets im Kampf für die Gleichheit und die Wiedereingliederung des Menschen in die göttliche Ordnung, in die segnende Hand der Gnade und Liebe Gottes.
   Sie strebte an, dass insbesondere die Arbeiter und Bauern wieder mehr eine "Einwurzelung" (Titel eines wesentlichen Werks von ihr) finden könnten, und nicht mehr abgetrennt von aller Menschlichkeit ihrer Betätigung nachgehen müssten. Zum Beispiel sollten auch die Kinder der Arbeiter die Möglichkeit erhalten, ihre Eltern bei ihrer Arbeit zu besuchen, so dass die krasse Abtrennung zwischen Beruf und Heim, Geborgenheit und Gefühl aufgehoben würde. Sie engagierte sich stark für bessere Ver-

hältnisse der Arbeiterschaft, verwehrte sich gegen zu großes Fortschrittsstreben, gegen die kapitalistische wie auch kommunistische Wirtschaftsordnung und wollte dagegen eine Gesellschaft, in der die menschlichen Bedürfnisse nach Freiheit, Ordnung, Gleichheit erfüllt würden, immer im Einklang und dem Aufgehobensein in den Händen eines liebenden Gottes.

Simone Weil wollte absolute Gleichberechtigung und begehrte beispielsweise auf, wenn ihr Bruder mehr arbeiten, mehr tragen, mehr leisten sollte als sie. Sie bewegte sich nicht von der Stelle schon als Kind, bevor man ihr nicht dieselben Lasten auferlegte wie dem männlichen Pendant in ihrer Familie.

Der Bezug zur Arbeiterschaft wird astrologisch sehr klar durch Jungfrau in 9 und den Jungfrau-Jupiter dargelegt. Sie setzte sich ein für mehr Gleichheit und Menschlichkeit in den Belangen des alltäglichen Lebens und vor allem wie gesagt innerhalb der Arbeiterklasse. Exzessiv wird diese Jupiterposition noch verstärkt durch die Konjunktion des Jupiter zu Lilith, die auf jeden Fall einfordert, mehr in Verbindung mit dem Urgrund der Natur, den natürlichen Rhythmen, der Vereinigung mit der weiblichen, instinkthaften, fruchtbaren und gleichzeitig auch wieder Leben nehmenden Seite des Daseins sein Leben zu gestalten und darin seinen Sinn, seine Erfüllung, seine religio und sein Gedenken an Gott (weiblich und männlich) zu erfahren. Eine weitere Intensivierung in der geistigen Schärfe und Streitkraft wird durch das Quadrat der Jupiter-Lilith-Konjunktion zum Mars im Schützen und die Schütze-Pallas bewirkt. Beide Planeten sind auch schon in der Basis des Jupiter enthalten.

Ihr Engagement für die arbeitende Klasse, ihre Ideale und ihre Philosophie in dieser Richtung (Jungfrau in 9) bringt sie sehr erdverbunden (Merkur in 2) und gleichzeitig visionär und revolutionär (Merkur im Wassermann) zum Ausdruck - ein Grundstein für die Genesung und Heilung (Merkur-Konjunktion-Chiron) tiefer innerer Wunden.

Die Jupiter-Lilith-Konjunktion im Quadrat zu Mars im Schützen in 12 sowie die Position der Schütze-Pallas in 12 unterstützen nicht nur ihren Kampfgeist, was ihr Weltbild und ihre Philosophie betrifft, sondern rücken die tiefe Verbindung zu einer alles umfassenden Göttlichkeit und Einheit noch mehr in den Vordergrund. Sie war keine kopfige Philosophin, die sich von aller Erdverbundenheit und allem Gefühl abspaltete, sondern hat in sich einen Einklang zwischen geistiger Kraft und inniger Verbindung zu einer höheren Einheit, die alles in sich einschließt, gefunden. Aus der heraus kämpft sie mit aller Härte (Steinbock in 1) und Heftigkeit (Schütze-Mars) dafür, dass die Menschen zu ihrer organischen Einheit, die immer da war und nur in Vergessenheit geraten ist, zurückfinden.

Sie versteht es, tief zu empfinden, mitzufühlen (Mond/Neptun-Konjunktion im Krebs in 7), wirft sich jedoch auch immer wieder auf ihre uranische Seite (Sonne und Merkur im Wassermann) und ihre sicher vorhandenen Wunden im Beziehungsbereich (Steinbock-Venus in Konjunktion zu Uranus), indem sie zu absoluter Freiheit und Distanz in zwischenmenschlichen Beziehungen ermahnt, wobei sie dann ihre weiche Mond-Seite wieder unterdrückt und völlig außen vor lässt.

Simone Weil verfügt über ein sehr inniges, unpersönliches und doch sehr vertrauensvolles Verhältnis zu Gott durch Schütze in 12, das sie in extremer Weise (Jupiter in 8) und voller Kampfeskraft (Schütze in 1, Mars und Pallas im Schützen) zum Ausdruck bringt und zum Leitbild für sich und andere machen will.

Sie liebt hingebungsvoll (Mond/Neptun im Krebs in 7) und distanziert sich doch immer wieder fast schon grausam und hart (Steinbock-Venus in Konjunktion zu Uranus, Wassermann-Juno, Wassermann-Sonne) von jeglicher Gefühlsregung.

Dass sie sehr klar und voller Intensität und Kompromisslosigkeit im Denken und Reden ist, beweisen zudem ihr Widder-Saturn in 3 und ihr analytischer Zwillinge-Pluto in 6.

Dass sie lernen musste, ihre höhergeistigen Erkenntnisse, die sich aus dem Unterbewussten, aus ihrer tiefen Verbindung zur Göttlichkeit speisten, in klare Worte zu fassen und mit aller Heftigkeit und Wahrheitsliebe zu äußern, zeigt ihr Nordknoten in den Zwillingen in 6 in Konjunktion zu Pluto.

Simone Weil hat ihr Leben dem Kampf für mehr Gleichheit und Menschlichkeit, für das Gefühl der Eingebundenheit in einem liebenden größeren Ganzen, für die absolute Freiheit, aber gleichzeitige Einfindung in die Ordnung Gottes gewidmet. Sie starb dieses intensive, von Geistigkeit und geistigem Kampf durchdrungene Leben mit 34 Jahren.

6. ANALYSEBOGEN SCHÜTZE - JUPITER

Grundeigenschaften

Expansion und Erweiterung
Bildung und eigene Weisheit
Religionsverständnis und Lebensphilosophie
Zuversicht, Zufriedenheit und Erfüllung

1. Basis 9. Haus

1. Welches Tierkreiszeichen steht im 9. Haus?
2. Kommt ein eingeschlossenes Zeichen im 9. Haus zur Basis hinzu?
3. Stehen Planeten im 9. Haus?
Aus welchem Haus kommen sie, d.h. welche Basis von ihnen muss entwickelt werden?
4. Wo ist das Aktionsfeld des Herrschers des 9. Hauses? D.h., wo schlägt er sich in erster Linie nieder?
5. Welche Aspekte wirken auf ihn? D.h., mit welchen Planeten muss er zusammenarbeiten?

2. Basis Schütze

1. In welchem Haus steht das Tierkreiszeichen Schütze?
2. Welche Planeten stehen in diesem Haus?
3. Wo ist das Aktionsfeld der aktiven Instanz Jupiter als Herrscher des TKZ Schütze, d.h. wohin geht er mit den sich in diesem Haus befindlichen Planeten? Wo übt demnach die zweite Basis ihren stärksten Einfluss aus?

3. Weitere Unterstützungen der Jupiterkraft

1. Welche Planeten stehen im TKZ Schütze?
2. Wo ist deren Basis (Herkunftshaus), die zu ihrer Stärkung aufgebaut werden muss?
3. Welche Aspekte beschreiben sie, mit welchen Planeten sind sie verbunden.

4. Aspekte des Jupiter

1. Welche Planeten wirken auf ihn ein? Mit wem muss er für seine Entfaltung Kompromisse schließen?

5. Das Personar des Jupiter

1. Wie sieht das eigene Horoskop Jupiters aus?

6. Status quo und Prognose

1. Welche Planeten wirken zurzeit auf die Jupiterkraft im Horoskop ein (Transite)?
Wo steht der Solar-Jupiter für dieses Jahr?
Welche wesentlichen Aspekte bestehen zwischen dem Solar-Jupiter und dem Radix (Orbis 2 Grad)?
Welche wesentlichen Transite wirken auf den Solar-Jupiter ein (von Transit-Jupiter bis Transit-Pluto)?
5. Wo steht der progressive Jupiter zurzeit?
Bestehen Aspekte zwischen dem Radix-Horoskop und dem progressiven Jupiter (Orbis 1 Grad)?
Welche wesentlichen Transite wirken auf den progressiven Jupiter ein (von Transit-Jupiter bis Transit-Pluto)?

7. SCHÜTZE-JUPITER - FRAGEBOGEN

SELBSTANALYSE

Werden Sie sich als erstes über die wichtigste Frage, die Sie im Moment beschäftigt, klar. Lassen Sie sie aufsteigen in sich. Mischen Sie sich nicht ein. Werten Sie nicht. Formulieren Sie diese Frage in einem Satz für sich aus.

Lehnen Sie sich gemütlich auf Ihrem Stuhl zurück oder legen Sie sich bequem nieder. Schließen Sie die Augen und entspannen Sie sich auf Ihre Weise.

Der innere Führer

Stellen Sie sich nun vor, wie Sie alle Kleider des Alltags ablegen und sich einer intensiven Reinigung unterziehen, sich vollkommen lösen von den Überflüssigkeiten, die Sie von Ihrer Erholung, Ihrem Gang nach innen abhalten.

Dann stellen Sie sich auf eine heilige Zeremonie ein und legen die in Ihren Augen entsprechende Kleidung an. Gehen Sie nun mit dem Gefühl der Demut und Hingabe, aber auch mit aufrechtem Gang, im Wissen Ihres Erwachsenseins und Ihrer Verantwortung zu Ihrem heiligen Platz. Malen Sie sich diesen Ort genau aus. Ist er hell oder dunkel? Welche Gerüche nehmen Sie wahr? In welchen Farben ist Ihr heiliger Platz gehalten? Hören Sie vielleicht eine Musik? Wie fühlt sich der Urgrund an, auf dem Sie stehen? Ist der Platz im Freien oder in einer Behausung?

Dann setzen Sie sich an diesem Ort nieder und warten ab, bis Sie eine Figur auf den Ort zukommen sehen (bis sich die Tür öffnet, falls der Platz ein Gebäude ist). Es dies Ihr ganz persönlicher innerer Führer (Führerin), der hier den Platz betritt und sich Ihnen gegenüber niederlässt.

Betrachten Sie ihn sich genau. Sie kennen ihn schon gut, sind sehr lange vertraut mit dieser Person. Sie wissen, dass sie immer kommen wird, dass Sie sich vollkommen auf ihr Wissen, ihre Weisheit, ihr tiefes Verständnis um Ihr Wesen verlassen können, und dass Sie immer eine Antwort, d i e Antwort auf Ihre Frage erhalten werden.

Richten Sie nun Ihre jetzige Frage an diese Person. Und warten Sie ab, was sie Ihnen dazu zu sagen hat.

Wie haben Sie in der Visualisierungsübung Ihren heiligen Platz und inneren Führer (Führerin) wahrgenommen?

Erstellen Sie nun Ihre Jupiteranalyse gemäß des Analysebogens und beantworten Sie dazu die folgenden Fragen.

Gebiet der Erweiterung

1. Wo meinen Sie, könnten Veränderungen oder neue Initiativen in Angriff genommen werden, um Ihre Art der Weiterentwicklung voranzutreiben?
2. Welche ersten konkreten Schritte sind dazu notwendig?

Art und Inhalt der Bildung

1. Wie sehen die gemäß Ihrer Jupiteranalyse bevorzugten Bildungsgebiete aus?
2. Welche Pläne haben Sie in dieser Richtung?

Reisen

1. Welche Art des Reisens entspricht Ihrem Wesen?

Lebensphilosophie und Religion

1. Worin liegt für Sie der Sinn des Lebens?
2. Was ist Ihre Art der Lebensphilosophie?
3. Welches Gottesbild wurde Ihnen in Ihrer Kindheit vermittelt?
4. Was glauben Sie, wirkt davon heute noch, von Ihrer grundlegenden Erwartungshaltung her, in Ihr Leben ein?
Malen Sie ein Bild zu dem, was Sie sich unter Gott, unter einer höheren Einheit vorstellen, einmal mit der rechten, einmal mit der linken Hand.

Erfüllung und Überzeugungskraft

Machen Sie eine Assoziationsreihe (zu jedem Buchstaben von A bis Z so viele Begriffe wie möglich, die Ihnen spontan einfallen, denken, sagen oder aufschreiben) zu dem Thema Glück und Erfolg in Ihrem Leben.

Notieren Sie sich auf jeden Fall die Worte, gegen die Sie sich am meisten gewehrt haben und die Sie von sich weisen wollten, die Sie überraschten oder tief berührten.

Was können Sie ändern oder starten, um diesem Lebensgebiet mehr Aufmerksamkeit und konkrete Förderung zu gewähren?

Weitere Fragen, nachdem Sie die Beziehungs- und Familienanalyse bearbeitet haben:

1. Welche Ihrer Jupiterkostellationen haben Sie bei den von Ihnen analysierten Personen wiedergefunden?

2. Wie werden diese jeweils umgesetzt?

3. Wo sehen Sie Projektionen und durch welche konkreten Maßnahmen könnten Sie diese außen gelebte Kräfte wieder in Ihr Reich zurückbringen und dort selbst zum Leben erwecken bzw. ändern?
Es ist natürlich immer so, dass die innere Welt ihre äußeren Pendants hat. Die Frage ist nur, ob wir mit diesen Entsprechungen, wie sie uns aus dem Spiegel des Lebens aus anschauen, so beibehalten oder etwas anderes von außen erfahren wollen. Unter diesen Umständen stellt sich die Frage nach der Änderung im eigenen Leben.

4. Welche Jupiterverbindungen bestehen im Partnervergleich (Synastrie) zwischen Ihnen und Ihren Eltern?

5. Wie wirken (wirkten) sich diese aus?

BEZIEHUNGS- UND FAMILIENANALYSE

Beantworten Sie folgende Fragen (bitte nicht am gleichen Tag) für A) Ihre Mutter, B) Ihren Vater, C) einen wichtigen Partner in Ihrem Leben (falls momentan Bedarf besteht, auch eines Ausbilders/Lehrers/religiösen Führers o.ä.):

Erstellen Sie zuerst jeweils eine Jupiteranalyse.

1.   Wie   sehen   die   Erweiterungs-/Weiterentwicklungsbereiche der jeweiligen Person aus? Wie setzt sie sie um? Was würden Sie ihr raten?

2. Wie zeigen sich ihre Art und Weise und die Hauptinhalte ihrer Bildung?
Wie hat sie diese verwirklicht?

3. Was entspricht am besten bzgl. Reiseunternehmungen ihrem Wesen?
Was würden Sie gemäß des jeweiligen Horoskops empfehlen?

4. Welcher Lebensphilosophie hängt sie astrologisch betrachtet an? Welcher Art des religiösen Verständnisses? Worin betrachtet sie den Sinn ihres Lebens.
Wie hat sie jeweils diese Potenziale in ihrem Leben manifestiert?

5. Worin könnte sie nach ihrem Horoskop am besten Glück und Erfüllung erfahren?
Was würden Sie ihr raten, wie sie diese Thematik in ihrem Leben noch verbessern und ausbauen könnten?

ANREGUNG ZUR STÄRKUNG DER JUPITERKRAFT

Visualisieren Sie so oft wie möglich endlose Weite und Ausdehnung in einem Ihrer Jupiterbereiche. Fühlen Sie Ihre Selbstüberzeugung, Ihre Selbstherrlichkeit, Ihren Erfolg auf diesen Gebieten. Falls es ein Defizitbereich von Ihnen ist, steigern Sie sich 21 Tage lang immer zu einer bestimmten Tageszeit in dieses Gefühl des Überschwangs, der positiven Erwartungshaltung, der Selbstverständlichkeit, mit der Ihnen Glück und Zufriedenheit ohne Anstrengung zusteht, hinein.

8. LÖSUNGEN

1. Wenn es eine Herausforderung darstellt, wenn es schnell geht; wenn es sich um neuste Wissens- und Studiengebiete handelt; wenn sie sich mit dieser Bildung gut durchsetzen kann; wenn die Körperlichkeit angesprochen wird.

2.a. Jupiter im Widder im 2. Haus:
genussvollen Sex; Durchsetzungsvermögen aufgrund von Sicherheit, Finanzen und Abgrenzungsvermögen; Aktivität, Dynamik und Tatkraft mobilisieren, um ihre sinnlichen Freuden zu erfüllen und Geld zu verdienen, sich ein Sicherheitsnetz im Leben aufzubauen; durch neue Methoden des Geldverdienens.

b. Jupiter im Widder im Quadrat zum Mond im Krebs:
Die Erfüllung in der Aktivität, der Sexualität und Triebkraft, im Sport und anderer körperlicher Betätigung wie auch im Aufbau neuer Projekte kann nur passieren, wenn auch das Bedürfnis nach Geborgenheit, Daheimsein, Austausch von Gefühl und Zärtlichkeit sowie nach Erholung und Regeneration in gleicher Weise beachtet und verwirklicht wird, wenn beiden Wünschen möglichst gleich viel Raum, Zeit und Aufmerksamkeit gegeben wird.

c. Jupiter im Widder im Trigon zur Sonne im Löwen:
Die Erfüllung durch die Entfaltung der Marseigenschaften lässt sich gut ergänzen und steigern durch die hohe Lebenskraft, Vitalität und Selbstverwirklichung, durch die Realisierung seiner unverwechselbaren, besonderen Qua-

litäten.

d. Mars im Steinbock im Quadrat zu Jupiter im Widder:
Hier bedarf es der Kombination von überschwänglicher
Selbstbehauptung und Aktivität mit dem Bedürfnis nach
geplantem, zielgerichtetem und auf das Wesentliche be-
schränktem Einsatz des ansonsten ungebündelten, impulsiven Kampfgeistes; es gilt, freiwillig dem überschäu-
menden, optimistischen Kämpfer und Aktivisten in sich
seine Grenzen aufzuzeigen und ihm eine klare Richtung
zu weisen.

ÜBUNGEN B

1. Freude, Genuss, materielle Vorteile, Basis zum Geld
verdienen, Steigerung des Selbstwerts, Verbesserung der
Möglichkeit, inneren Reichtum in äußeren umzusetzen.

2.a. Jupiter im Stier im 7. Haus:
Eine sichere Beziehung; ein reicher, genussfähiger, sinnli-
cher Partner; mit dem Partner Besitz und Eigentum zu
schaffen, Geld zu verdienen; Abgrenzungsfähigkeit innerhalb der wie auch durch die Partnerschaft; allgemein ge-
nussvolle, bereichernde Begegnungen mit den Mitmenschen.

b. Jupiter im Stier im 12. Haus:
Mit neptunischen Themen ihr Geld verdienen, ihren Eigenwert steigern, sich abgrenzen und ein Gefühl der Sicherheit verschaffen können; Finanzen durch unangepasste Methoden und Tätigkeiten erlangen; Raum zu haben,
ihre Träume und Sehnsüchte zu genießen und auf die Erde

zu bringen, sie greifbar zu machen.

c. Jupiter im Stier in Opposition zum Mond im Skorpion:
Erfüllung in Routine, Sicherheit, Festigkeit, materiellen
Werten kann nur geschehen, wenn auch die intensive, leidenschaftliche, an Dunkelheit und Problemen orientierte
Art der Emotionalität mit einbezogen wird, deren Totalität und Vorstellungen höher stehen als jede Sicherheit auf
dieser Welt.

d. Jupiter im Steinbock im 2. Haus:
Höchste Stufe an Sicherheit und Stabilität, an fester Ordnung und Struktur, an dauerhafter Sicherheit; Ehrgeiz und
Streben nach materiellen Werten und Eigentum ausleben;
sich eine eigene Ordnung und eigene Maßstäbe im persönlichen Wertesystem, in der Sichtweise von Genuss und
Lust verschaffen und damit wie auch mit seinem Eigentum seinen Halt und sein Rückgrat aufbauen.

ÜBUNGEN C

1. Sprachreisen; Reisen mit viel verbalen Kontakten und
Austauschmöglichkeiten; mit viel Beweglichkeit, mit je-
der Form der Lernmöglichkeiten; zur Ansammlung oder
Verbreitung von Wissen; Fernlehrgänge.

2. a. Jupiter in den Zwillingen im 4. Haus:
Über ihre Gefühle reden, schreiben, sich austauschen,
Vorträge halten; mit eng vertrauten Menschen, mit Fami-
lienmitgliedern, bei sich zuhause kommunizieren; Bücher
über Heim, Heimat, Familie, Gefühle, Kinder lesen oder
verfassen, sich eingehend über diese Gebiete informieren;

durch gute Gespräche an ihre Gefühle herankommen.

b. Jupiter in den Zwillingen im 11. Haus:
Lern- und Lehraktionen in der Gruppe, im Freundeskreis; Erwerb von Wissen zur Selbstbefreiung, für mehr Unabhängigkeit, Gleichheit und Gleichberechtigung; Diskussionen, Gespräche mit Freunden und anderen Gleichgesinnten; freiheitliche und visionäre Denkweisen; geistige Erfindungen; neueste Techniken im Kommunikationsbereich.

c. Jupiter in den Zwillingen im Quadrat zur Sonne in den Fischen:
Die Erfüllung und Zufriedenheit durch Wissen und Austausch muss in Einklang gebracht werden mit dem Wunsch, seine Träume und seine unangepasste, andersartige Seite zu verwirklichen, damit sie geschehen kann.

d. Jupiter in den Zwillingen im Sextil zum Mars im Löwen:
Die Erfüllung durch geistige und verbale Tätigkeiten und Interessen lässt sich gut verbinden und steigern durch selbstbewusste, souveräne und kreative Selbstbehauptung und Aktivitäten.

ÜBUNGEN D

1. Heim, Bauen, Wohnen, Kinder, Fürsorge, Heimat. Lebensmittel, Ernährung, Innen- und Gefühlswelt, emotionale Psychologie.

2. Gefühle, Familie, Heim, Geborgenheit, Austausch von Gefühl und Zärtlichkeit.

3. a. Jupiter im Krebs im 8. Haus:
Eine sehr intensive, leidenschaftliche Gefühlswelt; tiefe innere Reisen in ihre Finsternis und unbewussten Schichten; durch die Heilung des inneren Kindes und die Fähigkeit, sich selbst Geborgenheit zu schenken, mehr Macht und Selbstbestimmung über ihr Leben gewinnen; mit Hilfe des Eintauchens in ihre Gefühlswelt an ihre verdrängten Seiten herankommen.

b. Jupiter im Krebs im 10. Haus:
Beim Einbringen ihrer fürsorglichen, verständnisvollen und emotionalen Seite in ihren Beruf; berufliche Tätigkeiten mit Kindern, im Bereich Ernährung und Bauen/Wohnen; Ordnung in ihre Gefühle zu bringen; Stabilität aufgrund ihres gefühlvollen Wesens in ihrem Leben zu erhalten.

c. Jupiter im Krebs im Quadrat zur Sonne im Widder:
Die Zufriedenheit aufgrund von Gefühl und Geborgenheit muss in Verbindung gebracht werden mit der impulsiven, aktiven, kämpferischen Art der Selbstentfaltung; die beglückende Verbundenheit mit der inneren Welt kann mit einfließen in die Dynamik und Körperbezogenheit der Widder-Sonne.

d. Jupiter in der Waage im 4. Haus:
In einer gefühlvollen, harmonischen Partnerschaft; in einem emotionalen Umgang mit seinen Mitmenschen; im Zusammenwohnen, einem schönen Heim mit dem Partner; einem ästhetischen, stilvollen Zuhause.

ÜBUNGEN E

1. Künstlerisch, kreativ, show-business, Schauspielerei, jede Form des schöpferischen Selbstausdrucks, Management, Unternehmensaufbau, Selbsterkenntnis.

2. a. Jupiter im Löwen im 10. Haus:
Berufliche Reisen als Selbständige oder Unternehmer, Künstler oder andere kreativ Tätige; zur konkreten, geplanten Selbstentfaltung und dem Aufbau ihres Selbstbewusstseins; besondere Reisen, mit denen man sich in der Öffentlichkeit gut präsentieren kann.

b. Jupiter im Löwen im 12. Haus:
Phantasiereisen, um seine Besonderheit und Einmaligkeit zu erfassen; individuelle Reisen ans Meer oder ein anderes Wasser, mit viel Ruhe und Alleinsein; keine übliche Reise, sondern eine Alleintour, auf der man seine Lebenskraft und Persönlichkeit kennenlernt, vor allem durch das Eintauchen in seine Welt der Träume und Sehnsüchte; sehr weiche, warme Umgebung.

3.a. Jupiter im Widder im 5. Haus:
Seine Einzigartigkeit mit lautem Getöse, Kampfgeist und Tatkraft nach außen demonstrieren; seine Sexualität in ganz individueller Weise ausleben; seiner immensen Triebkraft genügend Raum und Ventil im Leben zu verschaffen; Selbstbewusstsein durch Durchsetzungsvermögen, Initiative und Körperlichkeit (Kraft, sportlicher Körper etc.); indem sie Unternehmen aus dem Boden stampfen.

133

b. Jupiter im Löwen in Opposition zum Mond im Wassermann:
Erfüllung und Zufriedenheit im schöpferischen Ausdruck seiner Besonderheit, seiner ganz individuellen Fähigkeiten und Eigenschaften (Ego) sollte in Verbindung gebracht werden mit dem emotionalen Wunsch, die Persönlichkeit hinten anzustellen und sich stattdessen vollkommene gefühlsmäßige Freiheit zu verschaffen, sein Gefühl und seine Fürsorge für Freunde und Gleichgesinnte, in der Gemeinschaft einzubringen anstatt im kleinen üblichen Familienleben.

ÜBUNGEN F

1. Mit dem Hauptaugenmerk auf konkretem Nutzen, nach Gesichtspunkten der Vernunft; für ihren Arbeitsbereich; genau, pedantisch, perfektionistisch, mit der Gefahr, sich in Einzelheiten zu verlieren; zur Unterstützung für Verarbeitung und Verdauung der Lebensereignisse; für ihre Interessen bzgl. Gesundheit.

2. Weniger nur zum Spaß, sondern sie soll nützlich sein, den Arbeitsinteressen förderlich; ansonsten gesund, mit ausreichend Hygiene und Sauberkeit.

3.a. Jupiter in der Jungfrau im 3. Haus:
Ihren Dienst, ihre Arbeit zu leisten durch verbale Kontakte und Austausch, durch Kommunikation, Wissensaufnahme und -weitergabe; ihr Wissen ständig zu erweitern und dieses Bedürfnis zu ihrem Arbeitsgebiet machen ebenso wie der Drang nach ständigen Gesprächen und

Unterhaltungen, nach Lernen und Schreiben, nach geistiger Analyse.

b. Jupiter in Konjunktion zur Sonne in der Jungfrau im 4. Haus:

In der Selbstentfaltung, des Ausdrucks ihrer Einmaligkeit in der Arbeit, in der Erledigung der alltäglichen Anforderungen, in der Analyse, in der Herstellung von innerer und äußerer Aufgeräumtheit, bezogen in erster Linie auf Gefühlswelt, Heim und Familienleben; Gefühle, Familie, Ernährung, Kinder, Erholung zu ihrem Arbeitssektor zu machen, auf dem sie sich verwirklicht.

c. Jupiter in der Jungfrau im 8. Haus im Quadrat zum Mond in den Zwillingen:

Die Sinnfindung durch intensive, tiefe Analysen oder eine Arbeit im tiefenpsychologischen, forschenden oder Grenzbereich, in geistiger Intensität muss mit dem Bedürfnis nach Geborgenheit in der flattrigen Kontaktfreudigkeit und Kommunikationsbegeisterung des Zwillinge-Mondes in Verbindung gebracht werden, d.h. kann durch das immense Wissen und den Austausch der emotionalen Seite unterstützt werden, auch wenn es auf den ersten Blick widersprüchlich erscheint.

d. Jupiter im Wassermann im 6. Haus:

In einer sehr freiheitlichen, visionären, progressiven, hochtechnischen, chaotischen, unregelmäßigen und unkonventionellen Arbeit und Umgangsweise mit den alltäglichen Anforderungen, mit Analysen und dem Thema Gesundheit (Psychohygiene, innere und äußere Reinigung, Analyse der Krankheiten etc.).

ÜBUNGEN G

1. Mit dem Partner oder einer anderen angenehmen Person, in einem kultivierten Kreis, ohne extreme Anstrengungen.

2. dass eine geliebte Person, am besten der Partner mit dabei ist; eine stil- und geschmackvolle Umgebung; Kultiviertheit, Freundlichkeit, Höflichkeit, Harmonie.

3.a. Jupiter in der Waage im 12. Haus:
Eine Partnerschaft, in der sie vollkommen aufgehen und verschmelzen kann, in der sie ihre Grenzen verliert und eins wird mit dem Geliebten, allerdings auch - inbegriffen - mit der Bereitschaft zu Alleinsein, um sich wieder zu finden und wieder zur Eigenpersönlichkeit zu werden; eine andere, ungewöhnliche Beziehungsform; die Partnerschaft als Insel der Ruhe und ewigen Verbundenheit.

b. Jupiter in der Waage im Quadrat zum Mars im Widder:
Indem sie die Spannung zwischen ihrer Erfüllung in Harmonie, Ausgleich und dem Entgegenkommen, der Kompromissbereitschaft auf der einen Seite und ihrem Drang, mit dem Kopf durch die Wand voller Impulsivität und Kampfgeist ihre Eigeninteressen durchzusetzen, erkennt, annimmt und beiden Anteilen ganz bewusst gleichen Raum in ihrem Leben zuteilt, sie z.B. eine ausgeprägte Triebhaftigkeit in eine ansonsten harmonische Partnerschaft einfließen lässt.

c. Jupiter in Konjunktion zur Sonne in der Waage im 6. Haus:
In ihrer Selbstentfaltung innerhalb einer Beziehung oder

auf dem Gebiet Attraktivität, Schönheit, Kunst, Kultur, Geschmack, Stil, Mode, Design, das sie zu ihrer Arbeit, zu ihrem Dienst in diesem Leben macht; Zusammenarbeit mit ihrem Partner oder Arbeiten in kultiviertem Austausch mit den Mitmenschen.

ÜBUNGEN H

1. Tief in ihr Unbewusstes einzudringen; Forschungsarbeit zu leisten; Aufdecken Aufklären, in die Tiefe der Materie vorzudringen; in Grenzbereiche vorzustoßen, sich mit Grenzwissenschaften zu befassen.

2. Forscherdrang leben, Kontrolle verlieren, in Kontakt mit ihrer Intensität und Leidenschaft sein, das Leben und ihr Wesen ohne Zensur und Unterscheidung betrachten und annehmen sowie dadurch Macht über ihr Leben gewinnen.

3.a. Jupiter im Skorpion im 1. Haus:
Durch unkontrollierte Sexualität und sehr mutige, riskante Aktivitäten an ihre Grenzen gelangen, diese überschreiten und wieder neue Seiten ihres Wesens, die vorher aus dem Bewusstsein verbannt waren, kennen zu lernen; Selbsterforschung durch Körperarbeit und -therapie; totale, kompromisslose Selbstbehauptung.

b. Jupiter im Skorpion im 12. Haus:
Tiefes Hinabsteigen in ihr Unbewusstes durch Erforschung ihrer Traumwelt und ihrer Sehnsüchte; an die Oberfläche bringen ihrer andersartigen, unangepassten

Seiten, ihrer Medialität, Sensibilität, sozialen Ader, künstlerischen Begabungen, ihrer Heilkräfte.

c. Jupiter im Skorpion in Opposition zum Mars im Stier:
Die Zufriedenheit durch Totalität und Echtheit um jeden Preis muss hier einen Vertrag schließen mit dem Antrieb nach absoluter Sicherheit, um gewährleistet zu sein. Der Sicherheitsgedanke darf trotz aller Abwehr, da er die Kompromisslosigkeit und Wandlungsfähigkeit stört, nicht verdrängt werden.

ÜBUNGEN I

1. Endlos, überschwänglich, voller Lebensfreude.

2. Das Leben ist Fülle, Reichtum, Überfluss und ständige Expansion und Erweiterung.

3.a. Jupiter im Schützen im 3. Haus:
Ständige Erweiterung ihres Wissensschatzes, ihrer sprachlichen, rhetorischen Fähigkeiten, ihrer Schreibkunst, ihrer verbalen Kontaktfähigkeit, ihrer geistigen Beweglichkeit; Weitergabe und Lehren ihres reichen Wissens.

b. Jupiter im Schützen im 10. Haus:
Reisen, Bewusstseinserweiterung, Bildung, Religion zu ihrem Beruf machen, darin ihre Möglichkeit zu Stabilität und Ordnung in ihrem Leben erkennen und nutzen; ihren Ehrgeiz in die Jupiterthemen setzen und sich schrittweise weiterarbeiten.

c. Jupiter im Schützen im Quadrat zum Mond in den Fischen:
Der ständige geistige Erweiterungsdrang sollte den Wunsch nach Auflösung und Verschmelzung, nach vollkommener Hingabe an sein Gefühl mit in sein Handeln einbeziehen, muss auch Rücksicht auf diese stille und doch so endlose Emotionalität des Fische-Mondes nehmen.

ÜBUNGEN J

1. Mit viel Aufwand, Konzentration, Ehrgeiz, Leistungswillen, Pflichtbewusstsein; bzgl. ihrer beruflichen Ambitionen.

2. Leben ist Pflicht, Arbeit und Verantwortung.

3.a. Jupiter im Steinbock im 7. Haus:
Durch den Aufbau einer festen, zuverlässigen, dauerhaften Beziehung, in der sie selbst Halt und Stütze ist, dies jedoch auch von dem Partner erfährt; durch eigene Maßstäbe und Richtlinien in Bezug auf Partnerschaft und ihre Form von Schönheit und Anziehungskraft; berufliche Arbeit gemeinsam mit dem Partner.

b. Jupiter im Steinbock in Opposition zur Sonne im Krebs:
Die Zufriedenheit, die man bei der Errichtung einer eigenen Lebensordnung sowie seinen beruflichen Tätigkeiten anstrebt, kann nur erreicht werden, wenn man in gleicher Weise sein Bedürfnis nach einer Selbstentfaltung durch

Gefühl, Kinder, Geborgenheit, Heim und Familie, innere Basis und Verwöhnen des inneren Kindes anerkennt, achtet und ernst nimmt.

c. Jupiter in Konjunktion zu Uranus im 10. Haus:
Extremer Freiheitsdrang, viel Abwechslung und Spannung, Aufregung und Vielseitigkeit im Beruf; Ausbruch aus zu fest gewordenen Lebensformen; als ungewöhnliche, unberechenbare, farbenfrohe, bunte, chaotische Persönlichkeit in der Öffentlichkeit stehen.

ÜBUNGEN K

1. Wenn sie nicht in Reglements und feste Schienen gepresst wird, wenn sie völlig frei und mit anderen in einer Gemeinschaft sich bilden kann.

2. Wenn sie plötzlich, spontan, in der Gruppe stattfinden, wenn sie viel Abwechslung bieten und den Abstand zum Alltag wiederherstellen, wenn sie unkonventionell sind und aus dem Rahmen des Üblichen fallen.

3.a. Jupiter im Wassermann im 5. Haus:
Ungewöhnliche Selbstentfaltung; sehr freiheitlicher, kreativer Selbstausdruck ohne Rücksicht auf Norm und Konvention; Unternehmen gründen, die aus der Reihe tanzen, die auf Teamarbeit und Gleichheit bauen, in denen die Firmengemeinschaft mehr zählt als der Einzelne; sich ein ungewöhnliches Denkmal setzen; das Ego auf dem hohen Maß an Unabhängigkeit und der Fähigkeit, mit der Vergangenheit zu brechen, aufbauen.

b. Jupiter in Konjunktion zu Saturn im 11. Haus:
Berufliche Tätigkeit mit Freunden, in einer Gemeinschaft, mit viel Zusammengehörigkeitsgefühl; Einsatz von Leistung und Ehrgeiz in die Befreiung, den Ausbruch; langsamer Aufbau eines Freundeskreises, einer der eigenen Persönlichkeit, den eigenen Maßstäben entsprechenden Gemeinschaft, der man sich zugehörig fühlt und in die man Ordnung und Struktur einzubringen versteht; berufliche Arbeit, in der sehr viel Freiraum und Änderungsmöglichkeiten bestehen.

c. Jupiter im Wassermann im Quadrat zum Mond im Skorpion:
Lebensfreude und Erfüllung in der Unabhängigkeit und vor allem Ungebundenheit hat nur Bestand, wenn man die gegensätzlich dazu stehende emotionale Totalität und Bindungsbegierde bewusst mit einbezieht.

ÜBUNGEN L

1. Keine klassisch-konventionellen, sondern künstlerische, alternative, unangepasste, soziale, heilende, helfende, unmögliche.

2. Ruhe, Phasen des Alleinseins; dass sie möglichst nur Menschen in ihrer Nähe hat, gegen die sie sich nicht abzugrenzen braucht; eine weiche, sanfte Umgebung; Wasser, Meer.

3. a. Jupiter in den Fischen im 9. Haus:
Hingabe an Religion, Bewusstseinserweiterung, Bildung, Weiterentwicklung; ungewöhnliche Bildungsmaßnahmen und religiöse Betätigungen; Auflösung und Verschmelzung mit Hilfe religiöser oder bewusstseinserweiternder Rituale; alternative Reiseunternehmungen.

b. Jupiter in Konjunktion zum Mond in den Fischen im 7. Haus:
endlose Gefühle und Hingabe an den Partner; Auflösung in einer Beziehung und dennoch auch wieder zurückfinden in das eigene Gefühl und die Konturen der eigenen Persönlichkeit.

ÜBER DIE AUTORIN

Beate Helm, Jg. 1961, ist Heilpraktikerin mit den Schwerpunkten psychologische Astrologie, Blütenessenzen und systemische Therapie. Sie leitet die Themis-Schule, in der sie Astrologie als Bewusstseinsarbeit, Astrotherapie und Blütentherapie lehrt. Ihre größte Leidenschaft ist das Schreiben. Sie ist Autorin von Sachbüchern, Romanen, Märchen und Gedichten.

Weitere Publikationen im Sati-Verlag: Astrotherapie * Das Weib im Horoskop: Lilith und die Asteroiden * Astrologie und Meditation * Horoskope deuten * Das Mädchen Namenlos – Ein spirituelles Märchen * Bach-Blüten und Bewusstseinsarbeit * Kalifornische Blüten und Bewusstseinsarbeit * Bach-Blüten und kalifornische Blüten von A-Z – Kompendium.

Weitere Infos: www.sati-verlag.de